イガリシノブ×劇団雌猫
{監修}

化粧劇場

わたしたちが本当に知りたいメイク術

池田書店

Prologue

私たちは、気まぐれです。

今日のリップはオレンジ？　ピンク？　とかそういうレベルではなくて、下まぶたのマスカラまでバサバサに塗っちゃいたい日もあれば、日焼け止めすら塗りたくない朝もある。

雑誌や広告で問われる「あなたは何派？」なんて質問にピンとこないのは、仕事やバイオリズム、恋愛、家族、推し……いろんな都合により、あっち派にもこっち派にもなるのが私たちだから。

オフィスでは薄化粧のあの子が退勤後は真っ赤なリップをひいていたり、ばっちりフルメイクで働くあの子が休日は眉毛すら描かなかったり。そういうのはもう、当たり前ですよね。

劇団雌猫が、様々な女性の「よそおう理由」を集めた匿名エッセイ集『だから私はメイクする』（柏書房）を刊行したのは、２０１８年秋のこと。イガリシノブさんとの出会いは、その書籍にコメントを寄せていただいたことがきっかけです。

「みんなのぶっちゃけたリアルな悩みが知りたい」

イガリさんがそう言ってくれたから、今回はアンケートで約１３００人のみなさんの声を聞きました。みんな、どんな気持ちで化粧してるの？ どんな化粧をしてみたい？ 歳を重ねることについてどう思ってる？

イガリさんは、私たちが気まぐれなことを知っています。私たちの日々がすごく忙しく、ハードで、でもたまにはゆったり時間を取れて、気分がウキウキするときには身支度に1時間かけたりすることも知っています。

化粧をする時間は、まるで舞台のバックステージのよう。どんなふうに1日を始めるか、どんな顔で今日を生きるかは自分次第。化粧を好きな日も、好きでない日も、幕は開きます。どうせ舞台に立つのなら、少しでも自分を愛せたら嬉しいですよね。

もし、私たちのバックステージにいつもイガリさんがいてくれて、日々クルクルと入れ替わる私たちの悩みを鮮やかに解決していってくれたら、どんなに心強く、贅沢なことだろう。

私たちの人生はそんな贅沢に値する、とっても素敵なものだから、ページをめくり、その幸せを受け取ってください。

地に足がついた安心感と、ふわふわと心が浮き上がるような幸福感を同時に叶えてくれるイガリさんのメイク術は、ずっとずっと私たちのためのもの。

今日も明日も明後日も、いろんなことがあるけれど、きっと大丈夫です。

私たちの、私たちによる、私たちのための「化粧劇場」。
最強のパートナー、イガリさんと一緒にはじめましょう。

劇団雌猫　かん

Contents

深夜0時、女子たちの
化粧夜会
【座談会前編】

劇団雌猫の４人は、全員30代になったばかり。日々、自分なりの「かわいい」を模索しています。かわいいの伝道師、イガリさんには私たち、そして世の女性たちがどう見えているのでしょう？　メイクとコスメの今とこれから、語り尽くしました。

自分自身の顔を活かした化粧を研究する時代へ

イガリ

私が若い頃は、リップラインで唇の形をとって中は真っ白に塗る、ヤマンバギャルメイクが流行ってたん

劇《げき》団《だん》雌《めす》猫《ねこ》

ユッケ

かん

劇団雌猫

平成元年生まれのオタク女４人組（もぐもぐ、ひらりさ、かん、ユッケ）。SNSでのアンケート調査を元に現代女性のリアルな感覚を探求しつつ、メンバーそれぞれもオタ活からコスメまで、様々な趣味を楽しんでいる。編著書に、女性がよそおう理由に着目した匿名エッセイ集『だから私はメイクする悪友たちの美意識調査』（柏書房）など。

だ。目元もアイラインやつけまつ毛で形をとることが多かったの。油性ペンでアイラインを引いて、目を囲っていたくらい。

もぐもぐ

部族みたい！　そういえば、「ソックタッチ」でつけまつ毛をつけていたこともあったよね。今ではソックタッチという言葉自体、懐かしいけど。

イガリ

昔はメイクで顔の形をつくって盛ってる人が多かったけど、最近は本人の顔を活かしたり、雰囲気を出したようなメイクが多いよね。

ひらりさ

自分の顔を活かすメイクをする時代だからこそ、他人のメイクは参考にできないってこともありますよね。

イガリシノブ×

イガリシノブ

Hair & Make up Artist[BEAUTRIUM]。ファッション誌などに複数連載を持ち、ヘアメイクを手掛ける他、「WHOMEE」の化粧品開発ディレクターや、メイク講師としても幅広く活動する。似合わせのテクニックやユニークな発想で、おしゃれ顔をつくる達人。

もぐもぐ　**ひらりさ**

もぐもぐ

だから、パーソナルカラーとか骨格診断とかが流行ってるんだと思う。何か一つでも軸がないと、どう選んでいいかわからないから。

世界各国の化粧品をピックアップしていく

ユッケ

私はYouTubeを参考にしてる。芸術として面白い動画や、韓国メイクの動画。メイクについては周りの意見を聞きたくないタイプだから、周囲のオススメは軽く受け流して、自分はこれが似合うっていう思い込みで生きちゃってる。

ひらりさ

K-POPとか他のオタクジャンルで韓国にハマっている人が韓国コスメの情報を発信しているよね。安いからたくさん買えるのがいいところ。

新しい顔を提案するときは、今まで観てきた映画が参考になるんだよね（イガリ）

かん

日本にはないような色味のアイテムが韓国コスメにはあるのが楽しい。

イガリ

日本は安全志向で、化粧品に入れる薬品の法律が厳しいの。韓国のコスメには日本で許容されない量のラメが入っていることもあるし、まったく落ちないティントもあるよね。

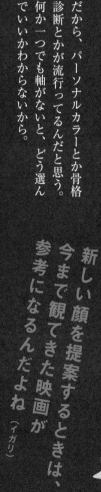

ひらりさ
世界を見渡すと、アメリカのコスメとか面白い流れがきていて、「バイトビューティー（Bite Beauty）」っていう、食べても安心な材料でできている化粧品とか。一生のうちに相当量の口紅を食べてしまう女性に優しいヴィーガンな化粧品。

もぐもぐ
その流れは日本でも加速しそう！ 海外では思想や多様性を打ち出すブランドがどんどん出てきてるね。

街中の流行に＋αの〝新しさ〟を提案

イガリ
メイクは変化していて、10年ぐらい前から「赤リップがOK」という風潮に。昔はNGだった赤みが入っている茶色も、逆に流行色になったの。

メイク道具もここ15年くらいでかなり進化したよね。

ひらりさ
イガリさんはどういうふうにメイクの流れをつくっていくんですか？

イガリ
街の人を観察する。赤リップとか、雑誌が「古い」といったことも、街中でまだ流行っていたら、どんどん提案していく。新しい顔を提案するときは、今まで観てきた映画が参考になるんだよね。映画『アンナ・カレーニナ』のような「黒×ピンク」は王道だけど、今の時代に合わせて「茶色×ピンク」にアレンジして提案したり……。

ひらりさ
主役の色を決めてから、色を組み合わせていくんですね。

自分と向き合うことでテクニックも磨かれる

ひらりさ　そもそもメイクをするときに、自分のここを変えたいって考える？

ユッケ　私、結構あるかもしれない。特に自分の目。メイクすると二重なんだけど、何もしないと一重。化粧をしはじめた頃は、一重が嫌だからアイプチとか頑張ってたんだけど、10年ぐらい化粧をする中でいろいろ実験をしたら、ある日「このシャドウを塗れば、二重になる！」っていうのに気づいて。

もぐもぐ　すごいね。シャドウで二重になるんだ。

ユッケ　そう。「これはすごい！　きた‼」って思った。そういうので一つ一つ乗り越えてきたかな。まだ自分は完全体ではないと思っているから、未来の自分に期待してる。

もぐもぐ　コンプレックスを自覚するためには、自分の顔を相当分析しないといけないじゃない？　私はそのスキルが低すぎて、コンプレックスがわからないから、「マイナスの部分を埋める」という感覚はないかも。

かん　私が難しいなと思ったのは、高校時代。ギャルっぽい子が多いチームにいて、みんなのメイクをマネしていたんだけど……。

ひらりさ　チーム（笑）。

かん

クラスの女の子グループね。雑誌『Ｓｅｖｅｎｔｅｅｎ』で流行っていた「がっつりキャットライン引く方法」も真似したけど、全然かわいくなれなかった。しばらくメイク自体が嫌になったな。でも、この５〜６年で目を盛りすぎなくてもＯＫみたいな風潮が出てきて、メイクが楽しくなった気がする！

ひらりさ

私は学生の頃は、誰もメイクをしないオタクグループにいて。そういうグループだったから、メイクするときは逆に力が入って、ゴスロリ風になってしまったんだよね。

イガリ

いいな！　楽しそう。

ひらりさ

でも技術がなかったので、自分に合うメイクはできなかったんです。なんでメイクできなかったかというと、顔というより、心のコンプレックスが邪魔をしていた気がします。メイクはテクニックだと考えるようになった20代後半から、メイクができるようになったかな……。

誰にでもあるコンプレックス。リアルな女子の悩みを、イガリさんに解決してもらっちゃいましょう！

まだ自分は完全体ではないと思っているから、未来の自分に期待してる（ユッケ）

1300人にアンケートしました

あなたの化粧について教えてください

Q1 あなたの年齢を教えてください

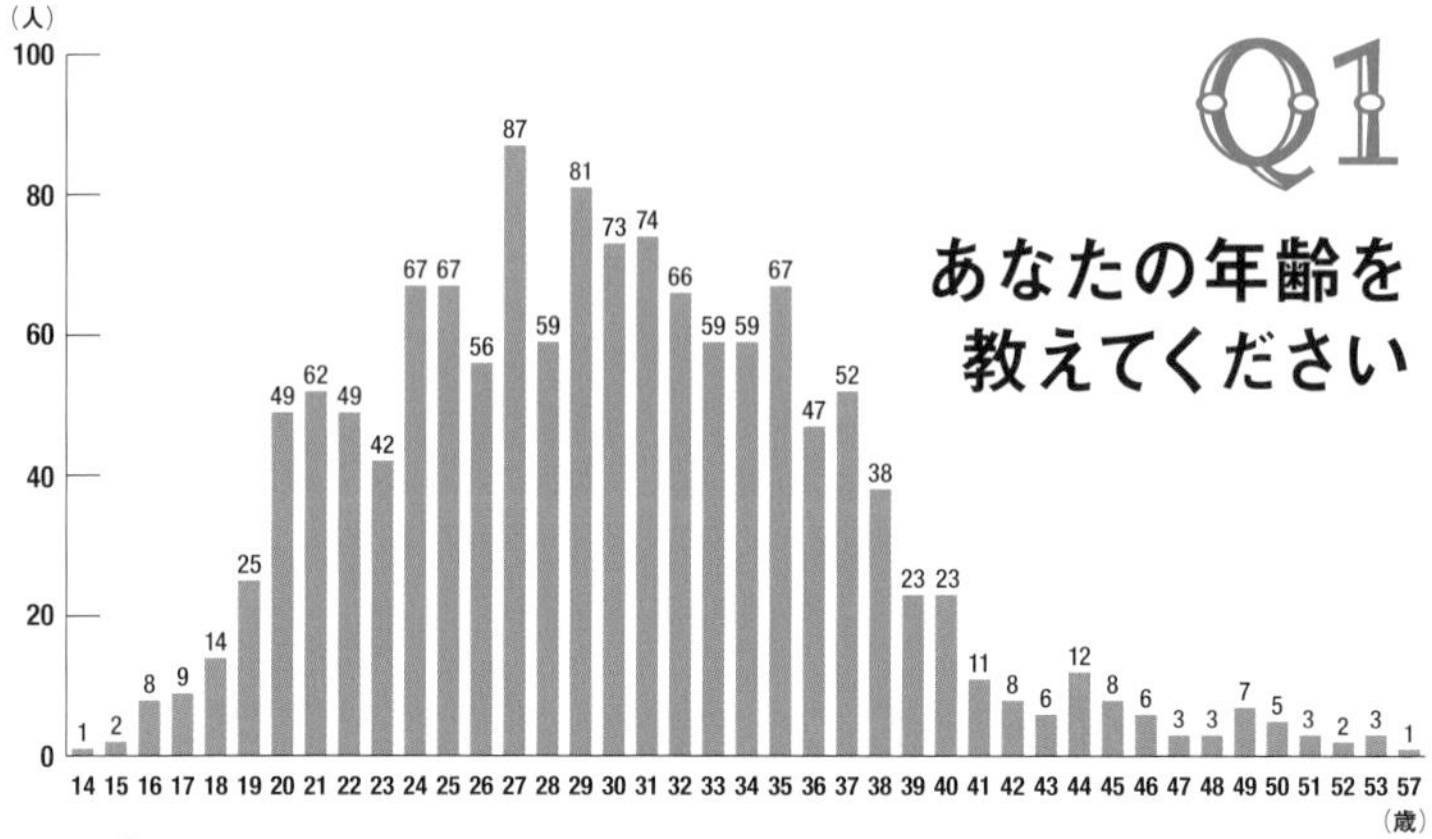

A 平均年齢は約30歳！

回答者の平均年齢は 29 ～ 30 歳でした。もしかしたらこの年代に化粧を変えたいと感じる人が多いのかもしれません……！　ちなみに最年少は 14 歳、最年長は 57 歳でした！

Q2 メイク歴は何年ですか？

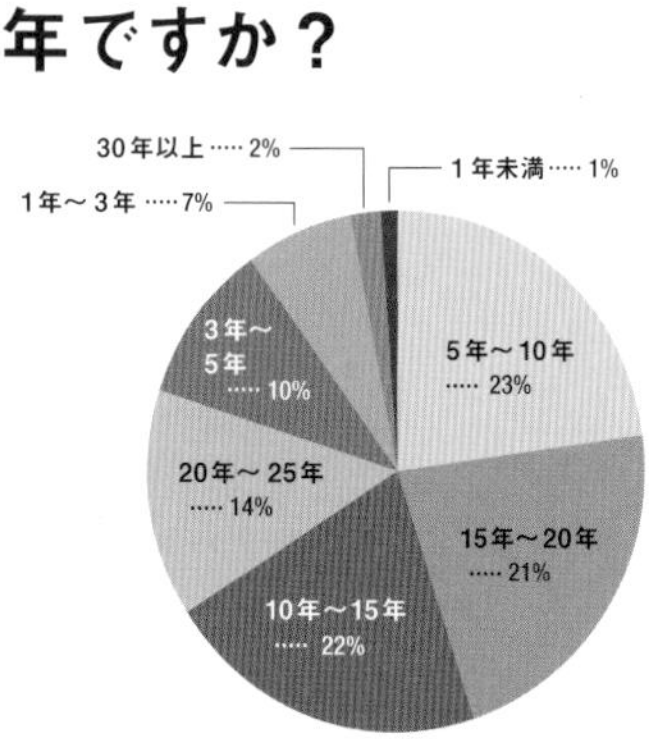

A 30年以上のベテランも

平均は約10 年でした。中には、30 年以上化粧歴があるベテランも。平成の30 年の間に化粧のトレンドもガラッと変わりましたよね。化粧とともに生きてきた軌跡をぜひ教えていただきたい……！

インターネットで約1300人に化粧に関するアンケートを実施しました！ こちらが今を生き抜く女子のリアルです。

回答人数：1337人 調査期間：2019年9月4日～9月15日

Q3 週に何日メイクしますか？

A 「毎日化粧」派も多数！

週5日以上が大半で、毎日化粧している女子は、なんと全体の37％。「社会的な義務」と感じてオフィスで化粧している人がいる一方で、毎日少しずつアレンジして楽しんでいる人もいました。

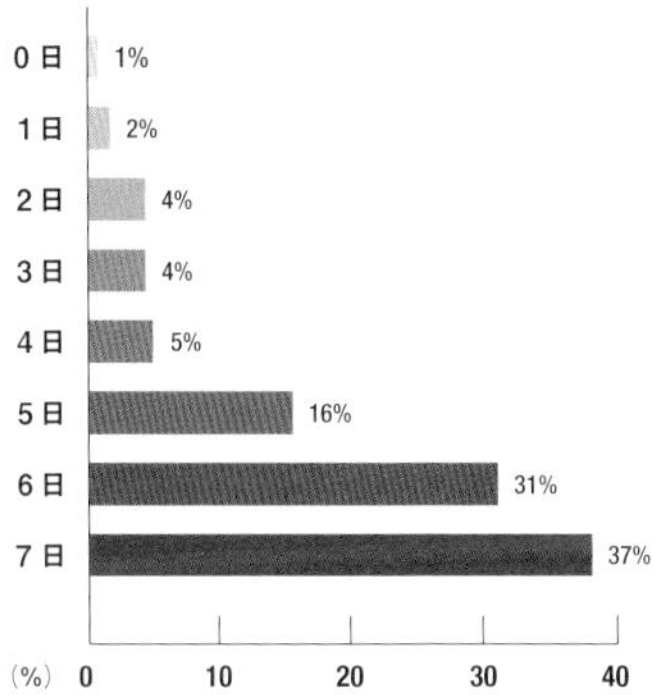

Q4 自分のメイクに満足していますか？

A 追求し続ける女子たち

「現状では十分満足せず、もっと自分の化粧を追求したい」という女子は、なんと総数78％。研究熱心であればあるほど、化粧は奥深い世界なのかもしれません。一方、「十分満足している」人の割合は1％……！ そこまでの道のりが気になるところ。

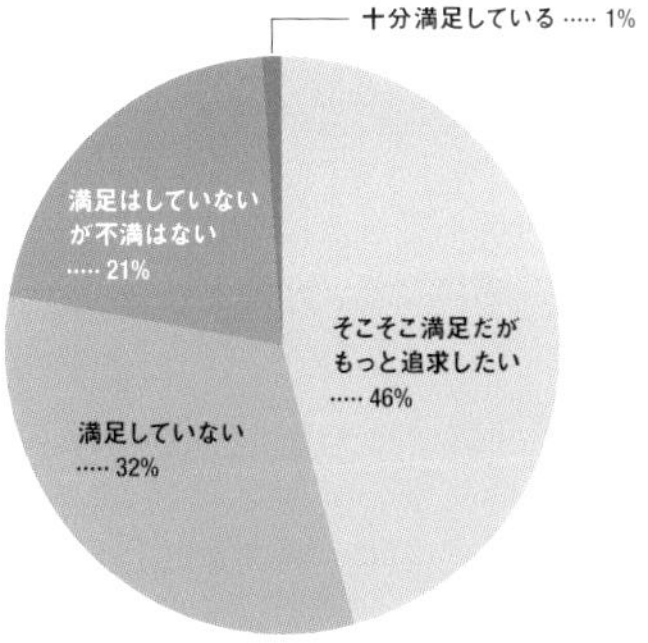

イチから聞いた
イガリの
化粧術

メイクをするときのイガリシノブの脳内を大公開。
時代が変わっても活かせるメイク術が満載です。

第1幕

IGARI'S TREND

イガリ的化粧トレンド年表

イガリの脳内

2000年代

ギャルメイク

眉は今じゃ考えられないくらい細かったけど、その細さが大事だったし、肌色と同化するくらいヌーディーなリップもトレードマークでした。日焼けした肌もね！

2010年代

おフェロメイク

この頃から白肌が絶対的マストに。ブルーのコントロールカラーやクリームタイプのハイライトなんかも王道になったよね。

眉はナチュラルな太めが絶対にいいけれど、少し赤っぽくする？ それとも毛流れを際立たせる？　肌は少しツヤを足すの？　血色を高めるの？　抑えるの？ っていう感じで、リップに合わせて手間を加えるのが今っぽいよね。

ずーっとおんなじメイクはもう卒業！ 時代の顔をもっと楽しもう

時代によってメイクは移り変わるもの。2000年代はギャルブーム全盛期。安室奈美恵さんみたいな女子になるために、目元を盛るのが大前提。2010年代になると、みんなが「イガリメイク」と呼んでくれるきっかけになった「おフェロなチークが主役時代」がやってきた。頬の高いところに入れた血色チークを引き立たせるために、ツヤツヤのお肌や、「オバさんぽい？」なんて思われがちだった赤リップが一気にメインストリームに！　メイクを楽しんでる女の子たちが街中に溢れて、とっても嬉しかったです。

そして今。なんやかんやリップがいつだって主役で、「＋ひと手間感」がものをいう時代に。メイクを頑張って欠点をカバーしたり、素敵感を盛れたりするのは女子の特権だけど、やっぱり最後はいつだってスペシャルな笑顔が私たちを輝かせてくれると思う！

MAKEUP & ILLUSION

“かわいい”は錯覚でつくれる

メイクと錯視

Q1 突然ですが、AとBはどちらが長く見えますか？

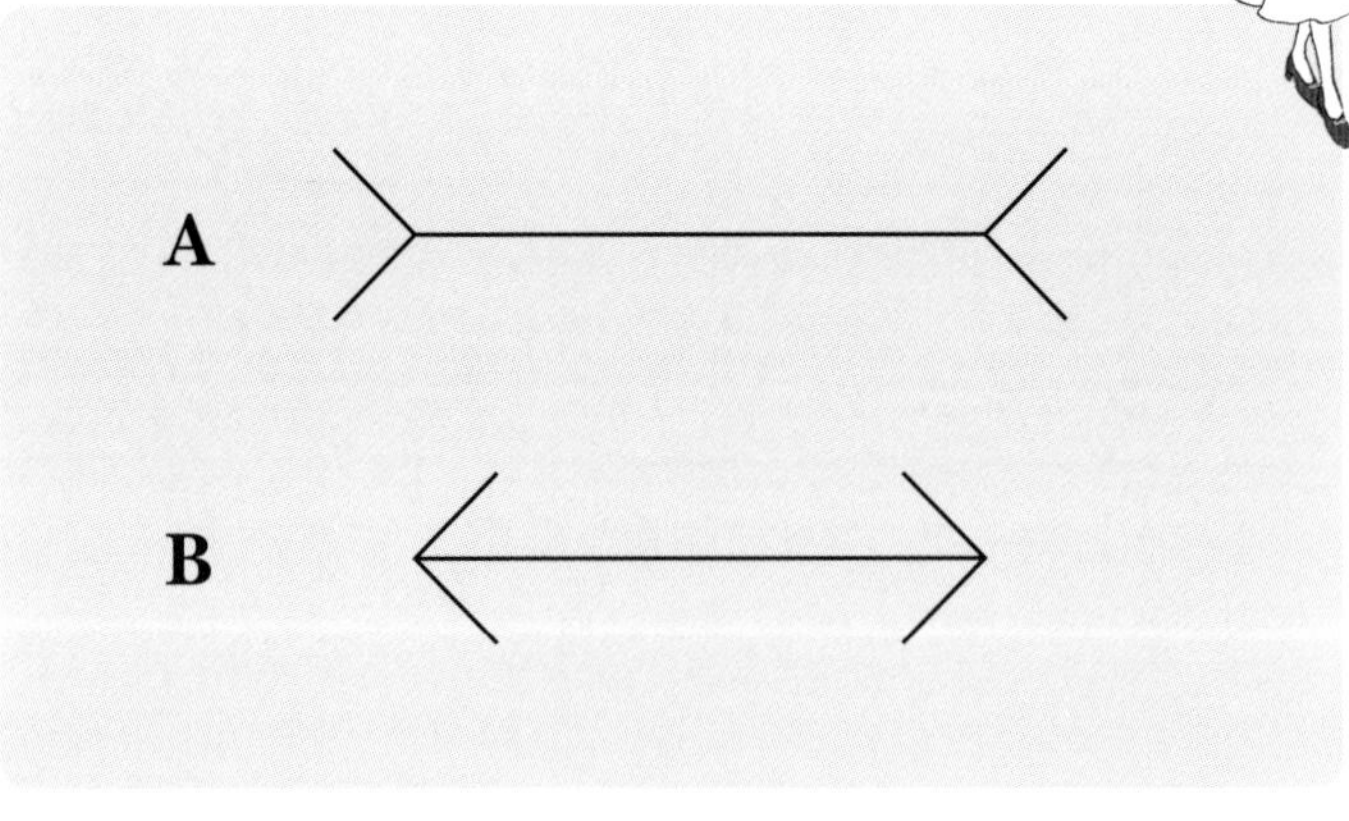

アイラインとマスカラで目の横幅は自在に変えられる

A も **B** も同じ長さなのに、目の錯覚が起こって異なる幅に見えることを“錯《さく》視《し》”といいます。この原理をアイラインやマスカラに応用してみましょう。

A の原理で目尻長めのはね上げラインを描き、マスカラも目尻のまつ毛を横に流すようにのせると、目幅がぐんとワイドに。

それとは逆に、**B** のようにアイラインはインラインのみ、まつ毛も前へ前へ出すようにすると、つぶらな目の印象が生まれます。

［ Answer ］

A >——< のほうが横幅が長く見える

A

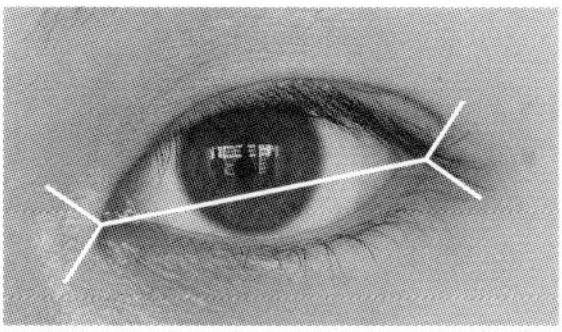

B

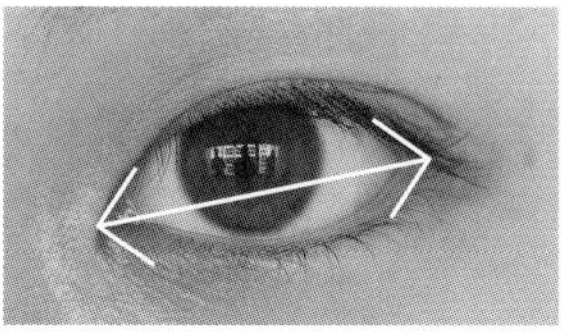

ギャルメイク全盛だった頃は、とにかく盛る**A**の目元が主流でした。どちらがいいかは好みの問題ですが、盛りすぎずバランス重視のメイクが主流の今は、断然**B**がオススメ。

錯視でリップを際立てる

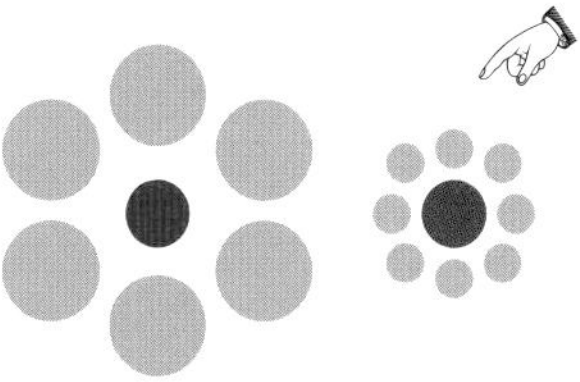

中央の丸をリップ、その周りの丸をチークや目元に置き換えて考えてみましょう。中央の丸はどちらも同じサイズですが、明らかに左のほうが小さく見えます。ということは、アイメイクやチークが淡くほんわり仕上がっているとリップの存在感が上昇。逆に、目元やチークの主張が強い（＝濃い）と、存在感が薄れてしまうんです。

Q2 突然ですが、中心の円はどちらが大きく見えますか？

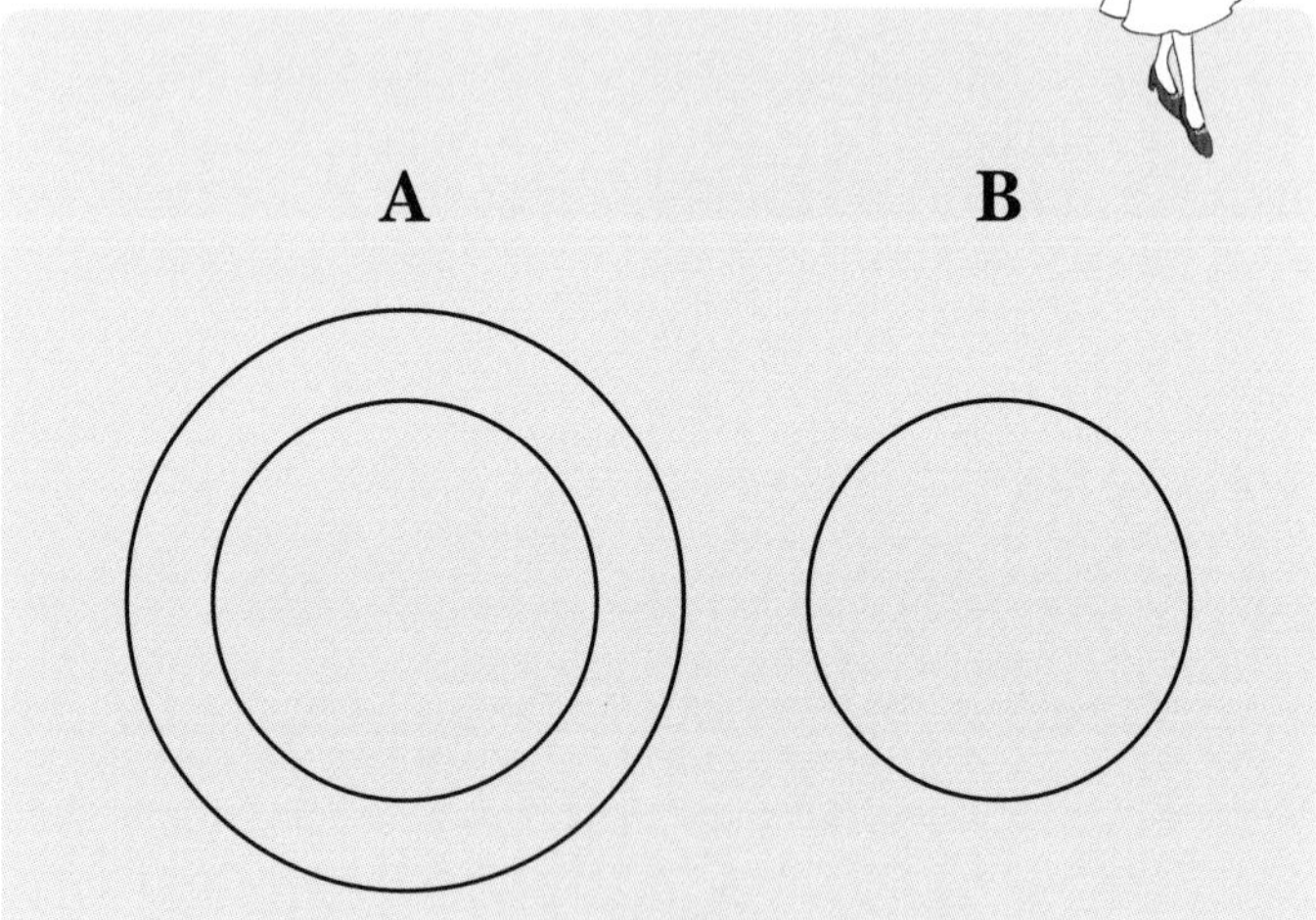

目の印象は目まわりの“くぼみ”で変わる

A の内側の円と **B** の円は同じサイズですが、**B** のほうが小さく見えます。

A の中央が目と考えてみます。目の周りをアイライン、アイシャドウでぐるっと囲むように仕上げると、目そのもののサイズ感が拡張して見えるということを意味します。

でも今はこの原理を使わない **B** 的な目元もお洒落《しゃれ》です。レスな目元をあっさり見せず洒落《しゃれ》させるために、目と目まわり全体を一体化させることが大切。

次ページの錯視も参考にしてみてください。

[Answer]

Aのように周りを囲むと大きく見える

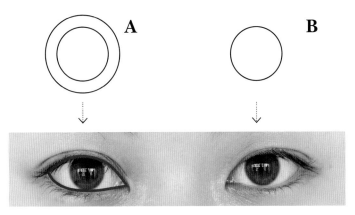

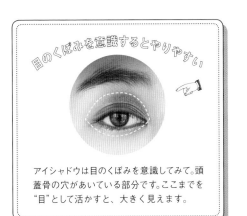

Aのようにぐるっと囲むと目の印象は強くなるけれど、このまま取り入れると怖い目元に見えてしまいます。まぶたとアイラインの境目、アイラインとアイシャドウの境目、さらにはアイシャドウと皮膚の境目をしっかりなじませて。

目のくぼみを意識するとやりやすい

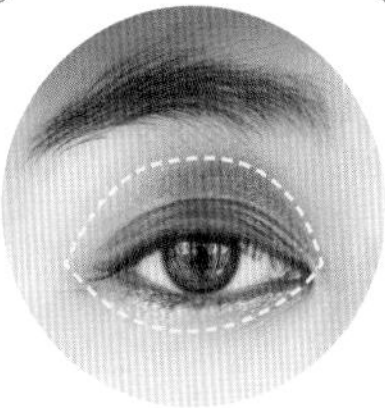

アイシャドウは目のくぼみを意識してみて。頭蓋骨の穴があいている部分です。ここまでを“目”として活かすと、大きく見えます。

雌猫所感

洋服のコーディネートだったらハイウエストで足を長く見せたり、ラインを意識したりしてたけど、メイクでも目の錯覚を取り入れるって斬新。まさに「顔の作画」だね。

Q3 突然ですが、縦と横どちらが長く見えますか？

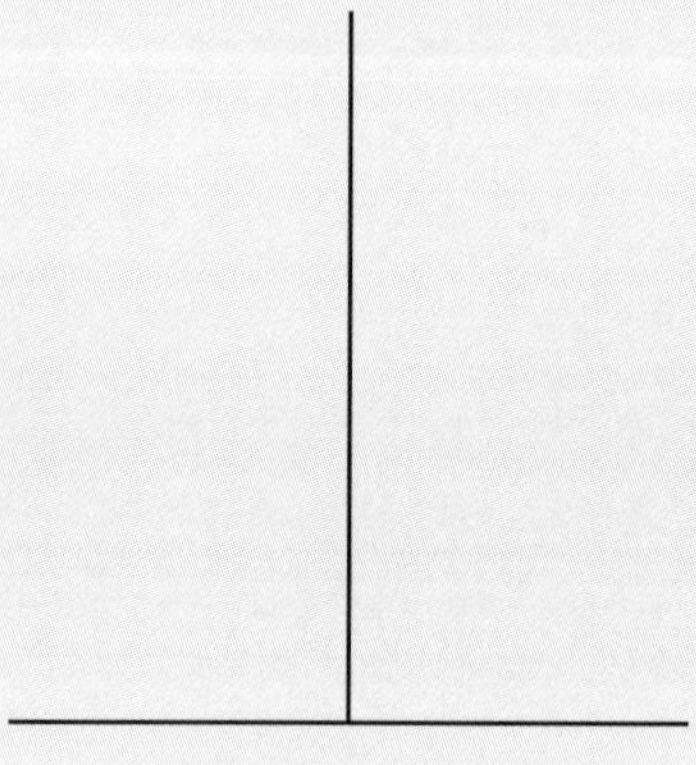

リップの描き方ひとつで小顔にもデカ顔にも見える

2本の線はどちらも同じ長さなのに、縦線のほうが長く見えます。この原理をリップに置き換えて考えてみましょう。

上唇を少しオーバーめにリップの山をつなげて高さを出すように描くと、唇と目元が近づいて、頬も短くなり、小顔に見えます！　輪郭にも応用できます。並行眉の眉尻の長さより外側は無視して色をのせないようにすれば、縦長で立体的な骨格に見せることができます。

［ Answer ］

縦の線は横幅を短く見せる効果がある

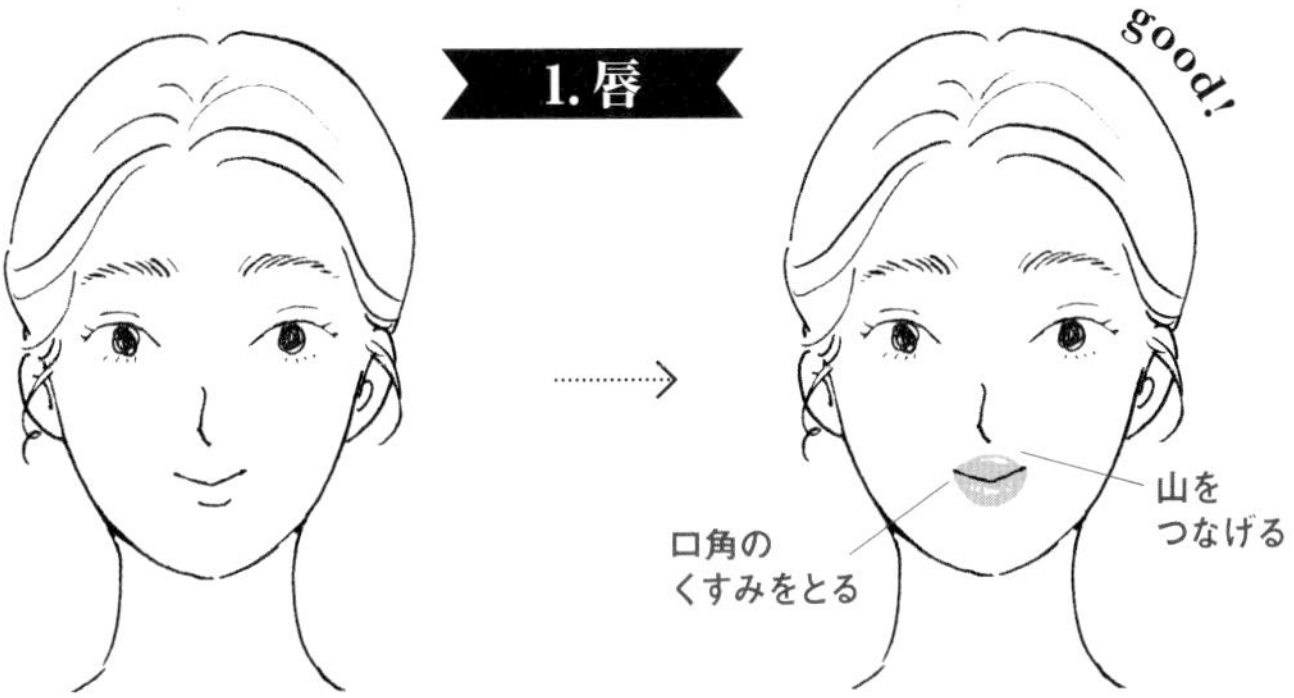

リップの横幅は狭ければ狭いほどこの仕組みをうまく活かすことができるので、口角《こうかく》のくすみや影はしっかり消しておきましょう。

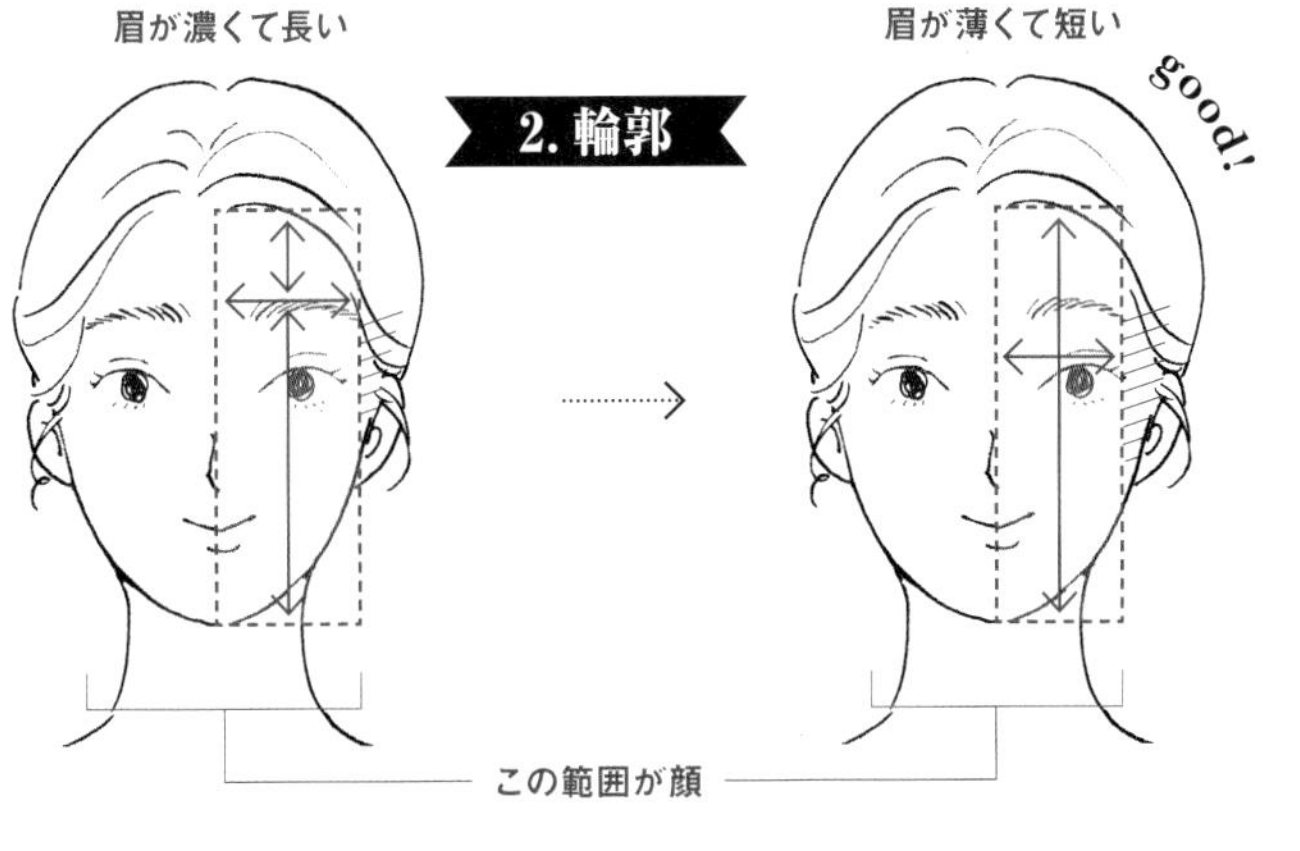

眉尻やアイラインが長すぎたり、チークを頬骨からこめかみにぐーっと横に引っ張るように入れてしまうと、顔の横幅はここまでですよ！　とお知らせしているようなもの。

MAKEUP & COLOR

選ぶ色がこなれ感の正体

メイクとカラー

補色とは？ 真逆の色のこと。補色同士は色を打ち消す力を持っています。青グマにオレンジのコンシーラーがいいといわれたり、赤ら顔にブルーのコントロールカラーを使ったりするのはこの関係を利用したもの。

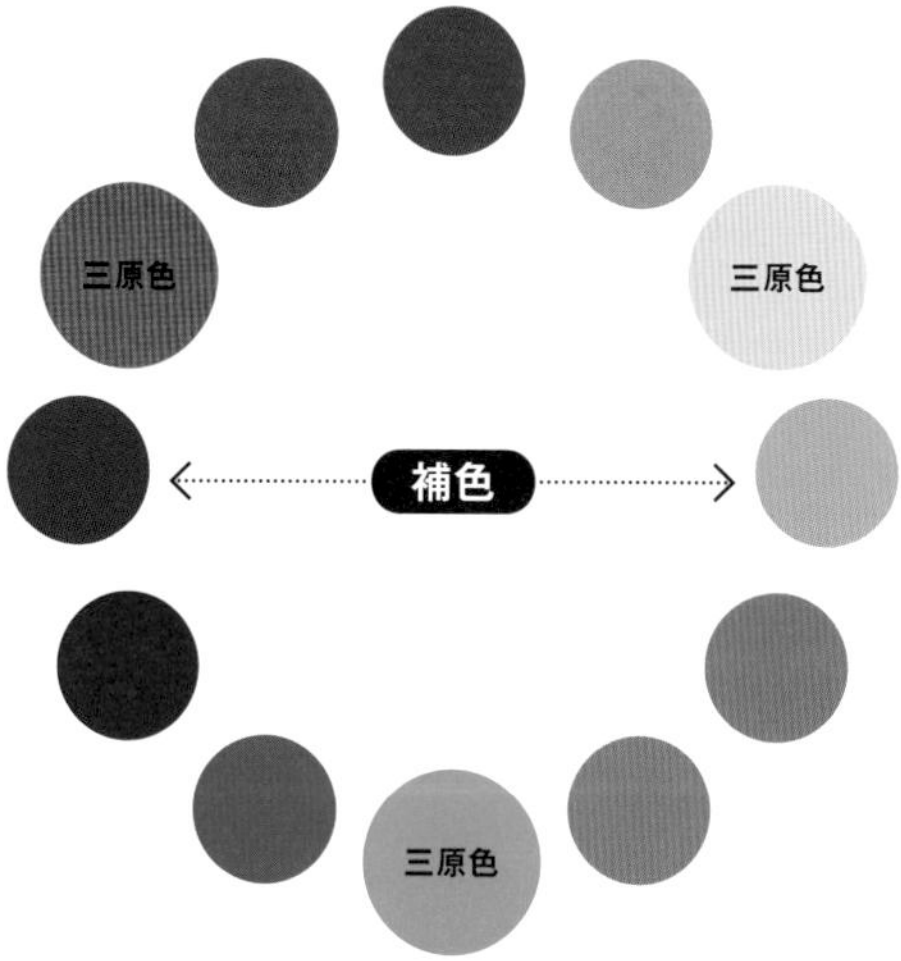

✣ 補色を知ればメイクがまとまる

補色同士を顔の中に同時に取り入れることで、どちらの色も引き立てることができますが、ブルー系のコスメを使うと肌の黄みが強く見える、オレンジのコスメを使うと肌色がくすんで見える、など、思いもよらない副作用が生まれることも。「引き立てたつもりが予想もしない弱点を引き出す」といった結果にならないように、上の図のような補色の関係性を知っておくとメイクの幅が広がります。

私はいつもこの相関図を頭にめぐらせながらメイクしています。

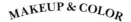

アイシャドウの色を選ぶ基準

肌の色

＋

くすみ

＋

アイシャドウベース

茶　オレンジ　パープル　パステルブルー　グレー　赤茶

＋

つけたい色

コスメそのものの色は、肌色と混じるのが前提。元の肌色ありきでのせる色を考えれば、より自然なメイクも、逆にメイク感のある仕上がりにもできるはず。

❖ 色は肌の上で混ざる

色と色を混ぜるとこんな色になるっていうことは、なんとなくみなさんわかっていると思うけれど、肝心な肌の色が置き去りになっていませんか？例えば肌トーンでいえば、元の黄み肌＋肌のくすみ＋ファンデーションの色。これらが混ざって「メイクにおける肌色」になるんです。シャドウもチークも同じです。あと、白っていうのは黄み肌に絶対的に浮いてしまう色。だから、真っ白なハイライトは、ナチュラルメイク時には避けたほうが無難です。

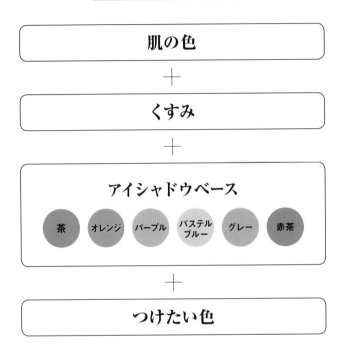

MAKEUP & TEXTURE

マスターすれば印象を操れる

メイクと質感

【ツヤ】

潤いを含んだようなフレッシュな印象を与える。ベースメイク、シャドウ、チーク、リップ、あらゆるコスメで今注目されています。主にクリームやジェルタイプのコスメがツヤに当てはまります。

【ツヤマット】

パウダリー形状でありながら、光を多分に取り込んでツヤめいて見せる。最近のファンデーションやハイライトでどんどん増えてきている質感。単にツヤよりさらさらとした肌触り。

【セミマット】

光沢やツヤをほんのり感じる、マットよりは柔らかな印象を与えるのがセミマット。いわゆる往年のパウダリーファンデーションはこの質感が王道。

【マット】

ツヤやパール感、潤い感、光沢感のない質感がマット。きちんとした印象を与えることができますが、隙のないお堅い雰囲気になることも。

マット ←→ ツヤ

✣ 質感とテクスチャーのMIX感はバランスが命

今のコスメは質感も自在に選べるからこそ、質感テクニックも知っておくべき。全部パウダーでドマットとか、全部クリーム系でツヤツヤ〜というようにテクスチャーをひとつにまとめてしまうと、メリハリがつかずメイク感が出にくいという欠点も。シャドウとチークがマットなら唇はキラキラ、下まぶたがキラキラなら頬はマットで唇はほわんとしたソフトマット。質感やテクスチャーのバランスを見極めることで好印象メイクになります！

【パール】

化粧品に使用される顔料の一種。光沢や輝きを与えることから、ベースメイクからポイント用コスメまで幅広く使用されています。ピンクやブルー、ラベンダーなどのカラーパールも。シマーと呼ばれる場合も。

偏光パール

光の当たる角度によってピンクに見えたりブルーに見えたり、あらゆるカラーに輝くマルチカラーなパール。ユニコーンカラー的な偏光パールを使うと、ファニーな表情に。

【グリッター】

パールやラメの総称ですが、パールやラメより大きく、華やかなきらめきを放つものとして認識されることが多い。目視で確認できるほどの大きなグリッターはネイルなどによく使われています。海外コスメもののアイシャドウにも定番の質感。

【ラメ】

パールより大きく、グリッターより小さい。キラキラッとした繊細なきらめきと、ドキドキするような華やかさを持ち合わせています。アイラインやシャドウ、リップなど、キラキラなラメ入りコスメは乙女心を抜群につかむ力あり。ファンデーションなどベースメイクアイテムには使われることが少ない。

丸ラメ

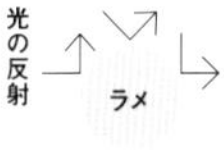

球状の丸ラメは様々な角度に反射して光を拡散。光の拡散効果で肌を明るくみずみずしく見せるだけでなく、立体感を高める効果がある。

平ラメ

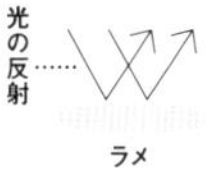

光に対して一方向にしか反射しないため黒く見えてしまうことも。また、ペタッと平たい形状のため、メイク落としでうまく落とせないことが多い。

質感はパーツごとに組み合わせて

	チーク	肌	
	シアー……80% グロッシー…20%	マット……70% ツヤ……30%	お仕事ナチュラル
	グロッシー	ツヤ……50% シアー……50%	かわいくデート
	マット	ツヤ	お仕事ナチュラル
	マット……70% シアー……30%	マット……60% シアー……40%	すっぴん美人
	マット	グロッシー…60% シアー……40%	女友達とワイワイ

色だけでなく、質感の掛け合わせ方のバランスで顔の雰囲気を変えることができます。裏を返せば、相手にどんな印象を与えたいかをコントロールできるということ。

お仕事ならきちんと見え要素のマット系肌に上品なパールを目元に添えてすっぴん美人に見せたければ、グロッシー、つまり光沢のある唇を引き立てるためにその他のパーツの潤い感は抑えめに……など、質感の組み合わせはカラーメイクアップと同様に無限大。シーンによって質感も使い分ける時代に突入です♡

リップ	下まぶた	上まぶた
マット……80% グロッシー……20%	マット	上品パール
マット……60% グロッシー……40%	パール	マット
ツヤマット	パール	グリッター
グロッシー	マット	マット
パール or マット or ツヤ	パール	マット

MAKEUP & TOOL

仕上がりを左右する化粧の要

メイクとツール

【手】

Point

✢メイクにツヤが出る
✢手の平の油分を考えて

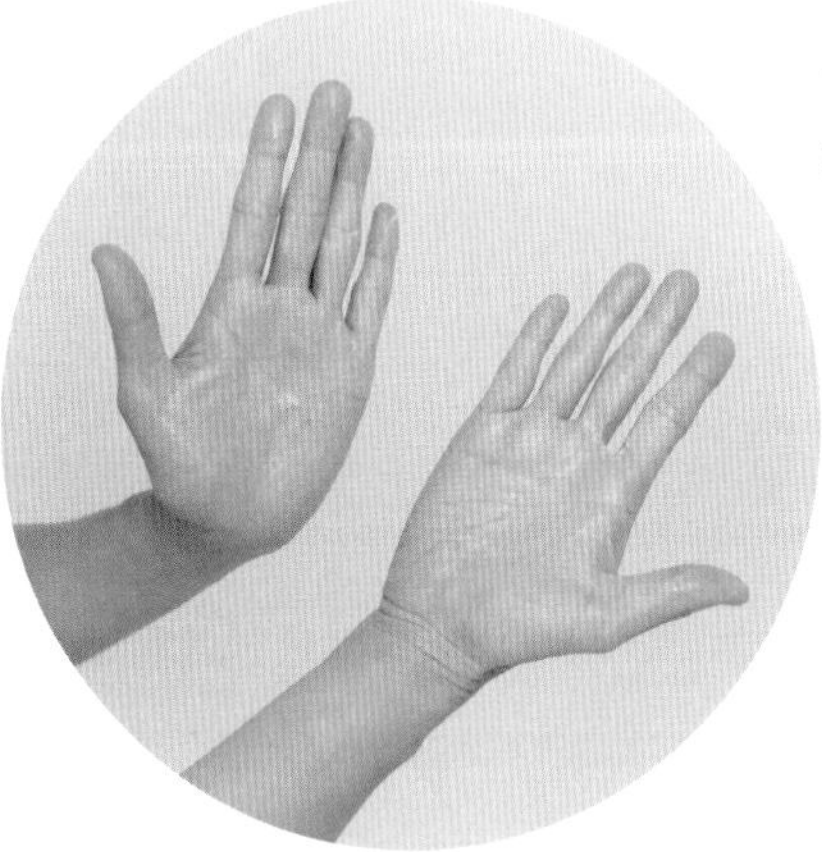

私は全体の80～90％は手でメイクします。楽だからとか、ラフな雰囲気が出るからではないですよ～。手の温もりで化粧品のテクスチャーが温まると、ツールを使うよりツヤが出て、つけたいところ以外にはみ出さずムラにならないから。さらさらなフェイスパウダーだって手でつけると油分と合わさって乾燥しにくくなるんです。リキッドファンデも、最初からスポンジを使うと油分や水分を完全に吸ってしまうから、手でつけてツヤが出すぎてしまったときだけスポンジでトントン軽く押さえます。

手が主役だからこそ、メイク前の手は徹底的に清潔に。除菌することもあります。手の油分が奪われすぎてしまったら、一度手の平に乳液をなじませてからメイクすることもあるくらい、手がもともと持っている油分と体温が大切なんです。

【ブラシ】

Point

✢動物毛は自然な油分を含む
✢毛量が多いものがいいよ

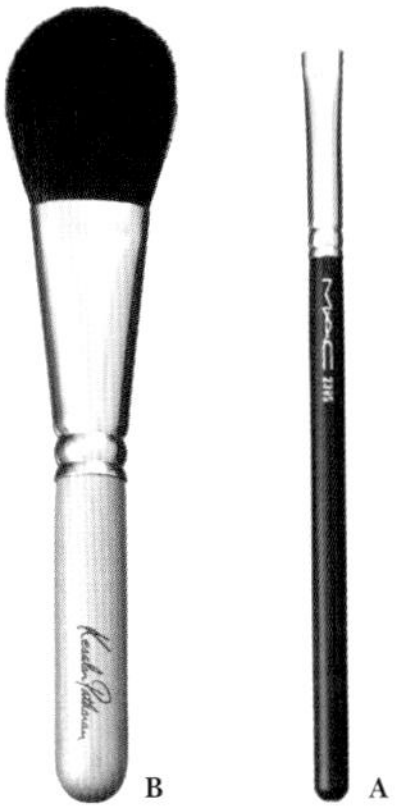

A＃239S アイ シェーディング ブラシ ¥4700／M・A・C
B チークブラシ ¥4000／ケリランパサラン

もちろんブラシも使います。狙いを定めて塗りたいアイシャドウのラインや、ほんわりぼかし込むようにチークをつけたいときは、手よりブラシのほうが精度の高い仕上がりになります。

ブラシを選ぶときは、まず毛質をチェック。動物毛は自然な油分を持つので、ツヤを出しやすい傾向にあります。人工毛はお手入れが楽で、比較的手頃な値段で手に入るのが利点。どちらもそれぞれいいところがあるんです。

同じ用途のブラシでも、毛量が多い作りのものを選ぶのがオススメ。つけたいシャドウやチークなどをしっかりとり、きちんと肌の上にのせることができるからです。

イガリの愛用ブラシたち

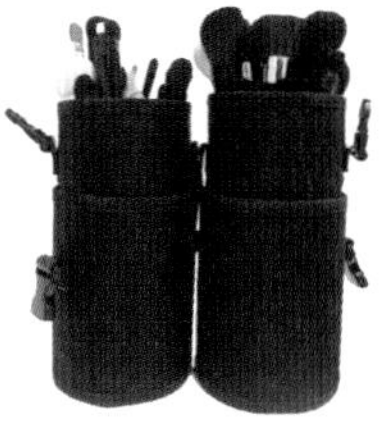

ブラシはあらゆるサイズ、用途のものを常備しています。NARSやM·A·C、シュウ ウエムラなどなど、学生時代から大切に使っているものも。そのために大切なのはお手入れ！ 私の場合は「ミューズ」など手を洗う石鹸で汚れをオフして、ブラシの先端を下に向けて洗い流すようにしています。

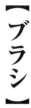

IGARI & TOOL

絶対手放せない本気の私物！

イガリのツール

Igari's makeup pouch

普段の私はリップを１本持ち歩くくらいで、大それたメイクポーチは持ち歩きません。ここでは、自宅の洗面所に置いているポーチの中身をお見せしますね。いつもこれらのアイテムを使って出かける準備をしていますよ～。

ファンデーションや日焼け止めなどベースメイクアイテム、美容オイルやリップクリームなどのスキンケアアイテムの他に、目薬や爪楊枝、シェーバー、絆創膏など便利グッズ系のアイテムも。いい香りのボディクリームやヘアミストなどもマスト。ちなみに中身は２ヶ月に１回、季節や気分に沿うものに入れ替えていますが、スキンケアはお気に入りが決まっているから長らく同じものを愛用中。ポーチはプロデュースブランド、WHOMEE（フーミー）で発売予定の試作品をお試し中です。

♥ 色っぽい匂いになれるガブリエル シャネルのヘアミスト。常に持ち歩いてて、朝、仕事中、仕事終わりとか気づいたときにシュッとひと吹きしてるよ。こっくりした香りだから秋冬にメインで使うことが多いかな。

◆ 肌が弱いから肌の潤いがもたないんだけど、フーミーのオイル美容液はメイクの上からでも肌にフィットするの。手にオイルを出して優しく押さえ込んで使ってる。

♠ クロエのパフューム ハンドクリームは、とにかくいい香り。香水代わりに使いつつ、保湿もしっかりできる優等生。仕事柄よく手を洗うんだけど、荒れてたり乾燥したり、“手が老け込んだ状態” だと年相応になっちゃうから、手はしっかりケアするよ。

私の顔を育てる

自分だけの個性がある「顔」。まったく同じ顔は一つもないからこそ、そのよさを伸ばしてあげるのが大事なんです。ここでは、自分の顔を“育てる”メイクを紹介します。

第2幕

・劇団雌猫と・

「顔を育てる」

この章のカギは「顔を育てる」。お化粧に入る前に、自分の持つ「顔」と向き合うことも重要！ リアルを生きる劇団雌猫が考えるキーワードから読み解きます。

1 「個性」とメイク

マスカラ＆アイラインばっちり！　が流行っていた時代、自分も真似してみたら、全然似合わなくてショックだった。**流行りのメイクが一概に自分を活かすメイクとは限らない**と気づいてからは、目を大きく見せるのではなく、色味や質感でアレンジする方向にシフト。アイメイクが楽しくなった（かん）

10代の頃、制服を着るとコンプレックスが際立ってしまったように、**周りと同じメイクを目指していると埋もれてしまうよさはある**と思う。一定の「型」はどうしても履修しないといけないけれど、そこからは、流行や周りに翻弄されず、自分の顔にこそ向き合ってみるのがいいのかな（ひらりさ）

ウィッグで髪型をガラッと変えると気分も変わるように、似合うものだけじゃなくて、普段じゃしないメイクもコスプレ感覚で実験すると面白そう。石原さとみさんですら「唇がコンプレックスだった」と振り返っているわけで、自分の**コンプレックスが他人からしたら魅力**だったりもしますよね（もぐもぐ）

ユッケ

最近は服もメイクも髪型も「流行りもの」ではなくて、「自分に合ったもの」を目指す人が増えた気がする。私は自分の眉毛の形が嫌いで、骨格を無視した好きな形にしがちだけど、骨格に沿った眉をBAさんに描いてもらったときにすごくしっくりきて驚いた記憶がある（でも再現できない……！）。

2「自己肯定感」とメイク

かん

メイクしてるときのほうが楽しい気持ちでいられることもあるけど、肌の調子がいいときなんかは、大してメイクしてないほうが誇らしく歩けることもある。メイクした状態も整った素の肌も努力の賜物だから、筋トレしてる人が鍛えた腕や腹筋を見せて歩きたいみたいな感覚かもなって思う。

メイクをすることで圧倒的に自信が持てる。職場でも、「今日はデスクワークだけだからいいや〜」と思ってすっぴんで行くと、自信持って自分の意見を言えないし、なんかうまくいかないことが多い気がする。物理的に、マスカラでまつ毛を上げないと目に気合が入らず眠くなる……という効果もある（ユッケ）

昔は、顔写真を撮られるのが本当に嫌いで……。でもメイクを楽しむようになってからは、自分の顔に向き合うために写真で記録するように。結果、人から写真を撮られるのにもだいぶ抵抗がなくなった……！ 今は、自分の顔に対して、スーパーの野菜に描いてある「生産者の顔」みたいな気持ちになる（ひらりさ）

少し前まで「気合入れる日はガッツリメイク！」だったけど、最近はそんなに力入れないほうが気分に合ってる。ビューラーもマスカラもほとんど使わなくなった。メイクを変えたのとメンタルが変わったのと、どちらが先かわからないけど、背伸びせずにのびのび過ごせるようになった気がする（もぐもぐ）

3「社会」とメイク

ひらりさ

社会を意識して就職や結婚、出産をする人もいるので、メイクを社会のためにすることも、その人の生き方に合ってれば、他人がどうこう言うことではない。でも、もし日々の生活に息苦しさを感じることがあるなら、まずはメイクだけでも「自分の好きなようにやってみる」のは、手っ取り早いかも。

派手な色のリップは、職場だけでなく友達や家族であっても、なんだかんだ言及されることが多い。だから、一人でショッピングとか、誰も知り合いに会わないときに使うと、のびのび楽しめる。本当はいつだってのびのび楽しめるほうがいいんだけど！（かん）

「今日は石原さとみさんになりたい気分だな」と思って巻き髪・ワンピース・ピンクのリップ……みたいな格好をしていると「男ウケよさそう」「モテそう」と言われて、いや男を意識してるわけではなく自分ウケのために今日は量産のコスプレをしているのだが……と思ってモヤモヤすることはある（ユッケ）

「誰かのために」って必ずしもマイナスじゃない。校則や職場のルールが厳しめの人は、ある程度ルールが決まってる“実験の場”くらいに思えると気が楽かも？ もちろん耐えられないくらい辛い人は環境を変えたほうが幸せになれると思う！（もぐもぐ）

イガリ案

「ブラウンのパレットシャドウはどんなまぶたにも全対応！」

女子の悩み！

「アイシャドウを塗ってもまぶたの重みのせいで色が見えない。腫れぼったく見えてしまう」（27歳）、「自分の目に合ったアイシャドウのグラデーションの方法がわからない」（23歳）。まぶたのタイプに限らず、悩みは尽きないんです！

ブラウンはまず最初に〝別の色〟を仕込んでから

肌色から極端にはみ出さない。陰影を高めることができる。私たちの黄み肌にマッチしやすい！　ブラウン系はいつの時代もアイシャドウ界のメインストリーム。万能な色だからこそ、時代によって変化する〝ブラウンの効かせ方〟には柔軟に対応するべきです。だってここを見誤ると、どんなに素敵なカラーも一気に古い顔に見えてしまうから！

以前はアイラインもマスカラもバッチリのいわゆる〝デカ目〟をみんなが目指していたから、〝ブラウンのグラデ〟が正解で、とても素敵に映えていました。

でも今の主流は断然リップメイク。アイラインもマスカラも盛らない時代です。ここでブラウンだけが頑張っても意味がない、というか、むしろ浮いてしまうんです。安易に単色のブラウンをぺたっとアイホールにのせてしまうと、どよんと沈んで見えてしまうところもブラウンの落とし穴。1色だけじゃ活きないのがブラウンなんです。

例えばグレーや赤み寄りのブラウンなどをまぶたのベースとしてまず仕込んでから、ブラウンのアイカラーを重ねてみてください。ニュアンスが高まって美印象になれるし、組み合わせる色によって好みの表情に寄せることだってできます。

もともとのまぶたのくすみをベースカラーとして捉えてみても◎　メイク感もきちんと出すことができますよ♡

Igari's Recommended

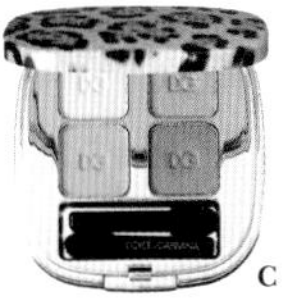

C

B

A

A エクセル スキニーリッチシャドウ　SR04 ¥1500／常盤薬品工業　**B** コンスピキュアス アイズ 03 ¥7000／アンプリチュード　**C** ドルチェ＆ガッバーナ フェリンアイズ インテンスアイシャドウ クアッド 5 ¥7800／ドルチェ＆ガッバーナ ビューティ

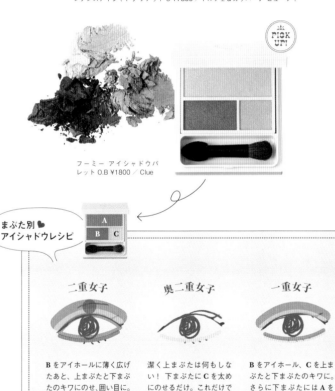

PICK UP!

フーミー アイシャドウパレット O.B ¥1800／Clue

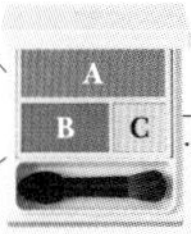

まぶた別♥アイシャドウレシピ

二重女子

B をアイホールに薄く広げたあと、上まぶたと下まぶたのキワにのせ、囲い目に。上まぶたのキワに太めに **C** を重ねて、**A** を下まぶた全体と、上まぶた中央に丸く。

奥二重女子

潔く上まぶたは何もしない！ 下まぶたに **C** を太めにのせるだけ。これだけでもグッと印象的な目元に。

一重女子

B をアイホール、**C** を上まぶたと下まぶたのキワに。さらに下まぶたには **A** を少し太めに重ねて。

1300人にアンケートしました

自分のまぶたを愛する まぶたハック

一重女子

重たげまぶたによる マスカラ難しい問題

まぶたが被さってくるので、まつ毛を上げてもすぐ下がってきてしまう（18歳）／蒙《もう》古《こ》襞《ひだ》、すっきり一重（つけまつ毛による幅広目の二重ラインがある）だがまぶたが被っている、まつ毛がまっすぐではなくいろんな方向に向いていて、マスカラが難しい（30歳）／まつ毛がうまくカールできない（22歳）／アイシャドウの塗り方がワンパターンになってしまう（34歳）

奥二重女子

左右差まぶたによる まつ毛上がらない問題

まぶたの厚みでアイラッシュで上げても夕方にはシナァッとして上がらない（35歳）／左右のまつ毛のカール具合が違う（34歳）／ビューラーを使っても、まつ毛のカールが持続しない。左右の二重の感じが若干異なるのが嫌だ（33歳）／上まぶたが分厚く下まぶたに重なるため、どれだけパウダーを下まぶたにはたいてもアイライナーは落ちる（24歳）

二重女子

二重線はっきりによる シャドウ映え問題

奥二重まではいかないけど、アイシャドウが活きてこない。二重線の下に入れた濃い色が、二重線を越えて上まぶたに色が移る（32歳）／目の大きさ違う、まぶたがくすんでて綺麗に発色しない（32歳）／二重幅が狭くて、アイシャドウがたまる、色が見えにくくなりやすい（25歳）／目がつり上がって見えてしまうときがある（20歳）

やっぱり多いのがまぶたのお悩み。イガリ流シャドウの入れ方を試すだけでなく、リアル女子たちのお悩み解決策も試してみて。

一重お悩み女子に捧ぐ 全力オススメアイテム

マスカラシルエトフェ
¥5000／クレ・ド・ポー ボーテ

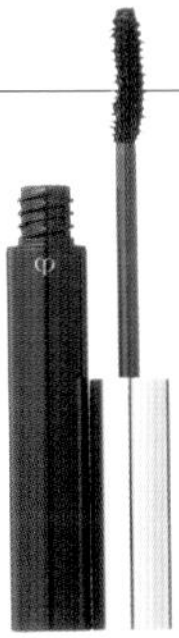

重い一重まぶたのせいでどんなマスカラでも下がってたまつ毛が、下地なしでも下がらない！　しかもまつ毛が伸びてきた気がします！（27歳）／やりすぎ感なし、アラフィフが使ってもイタイ感なし、カールキープカピカイチ、ダマにならない、下まぶたにつかない（51歳）

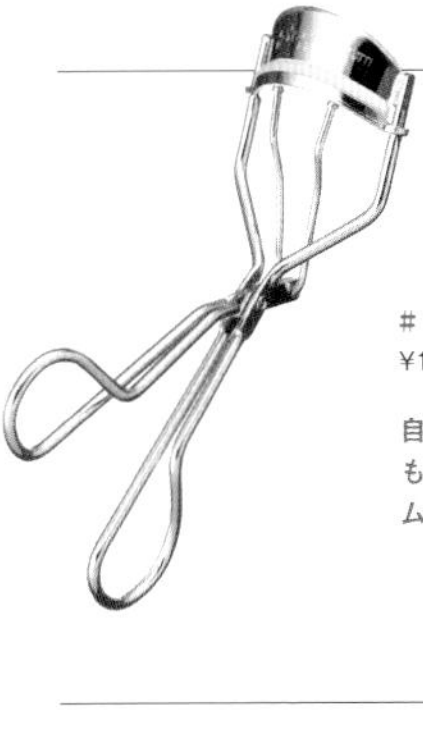

奥二重お悩み女子に捧ぐ 全力オススメアイテム

アイプチ® フィットカーラー
¥1500／イミュ

自分のまぶたにフィットして、まつ毛をしっかり上げてくれるのでとても好きです（17歳）／奥二重の私でもまつ毛が上がる優れもの。替えゴムを使用してずっと使っている（23歳）

二重お悩み女子に捧ぐ 全力オススメアイテム

キャンメイク
ラスティングマルチアイベース WP
01 ¥500／井田ラボラトリーズ

二重線のとこにいつもアイシャドウが溜まっていたのに、これを使ってから溜まらなくなった（31歳）

イガリ案

「令和のアイメイクは目力じゃなくて〝目《め》印《いん》象《しょう》〟！」

女子の悩み！

「割と目力があるのですが、アイライナーやマスカラをつけると圧が出て強くなりすぎてしまいます」(33歳)。あくまでも“生まれつき印象的です”みたいな目になりたい！

01

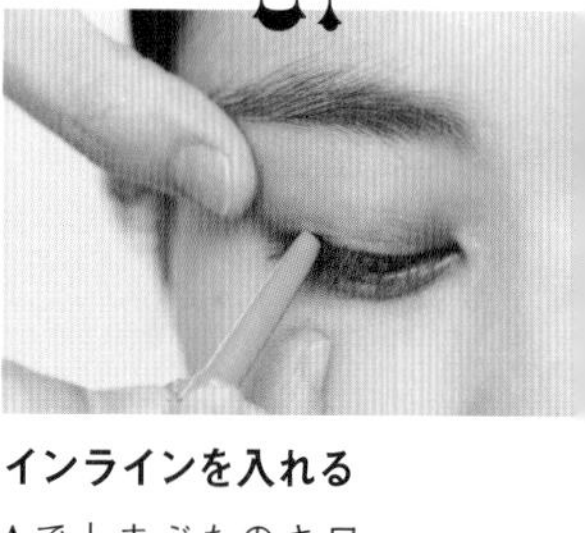

インラインを入れる

Aで上まぶたのキワ、まつ毛の根元を丁寧に埋め込んだあと、指で二重のラインより内側までぼかす。モーブ系なら自然。

02

ブラウンをアイホールに

Eを大きめのアイシャドウブラシにとり、アイホールのくぼみに沿って、ポンポンポンとのせて。

03

アイホールの内側にはオレンジを

先ほどの**E**より内側に**F**を指でのせる。まぶた全体にぼかし込むようになじませると自然な仕上がり。

まつ毛が下がってくるとテンションも下がる。
下まつ毛にだけカラーマスカラをつければいい
のは、かわいいうえに簡単でありがたい〜！

Used Item!

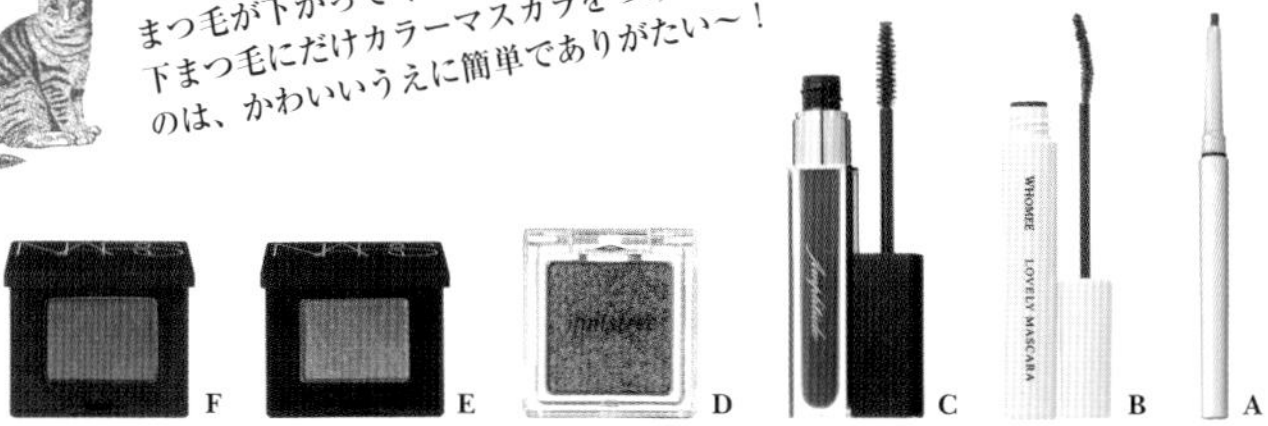

A デジャヴュ ラスティンファインE クリームペンシル モーヴブラウン ¥1200／イミュ　**B** フーミー ロング＆カールマスカラ terracotta pink ¥1500／Clue　**C** エクストラボリューム カラーマスカラ 02 ¥4400／アンプリチュード　**D** マイアイシャドウ グリッター ＃８ ¥650／イニスフリー　**E** NARS ハードワイヤードアイシャドー 5339 ¥2500、**F** 同 シングルアイシャドー 5324 ¥2500／NARS JAPAN

今は目の表情を最大限に活かす時代

がっつりアイメイクをすると確かに目は大きく見えるかもしれないけれど、瞳そのものの印象は薄れてしまうような気がします。〝目が合う〟〝目をそらす〟〝見つめる〟〝瞳が潤む〟〝力を入れて見開く〟など、黒目の表情っていうのはしっかりのせたアイシャドウやアイラインなんかよりもっともっと強烈な印象を相手にもたらすものだし、逆にいうとその人ならではの個性の効かせどころでもあるんです。

だからこそ、目元にあれこれ細工するんじゃなくて、瞳の動きを引き立てる〝目印象〟重視のメイクで勝負してみようよ〜っていう提案。赤み系のブラウンなら、目全体の3Dの立体感を際立たせることができますよ。

04

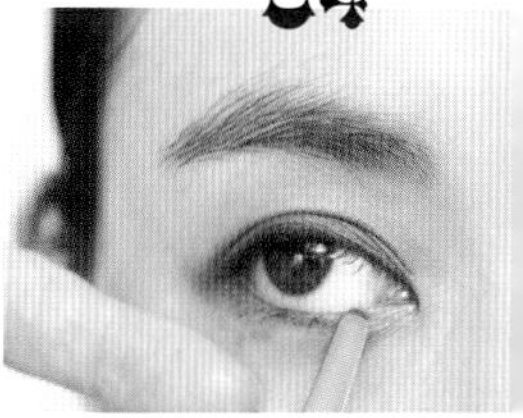

下まぶた中央だけインライン

下まぶたにもインラインを。黒目の下あたりのみ**A**で描き、綿棒でなぞってなじませて。

05

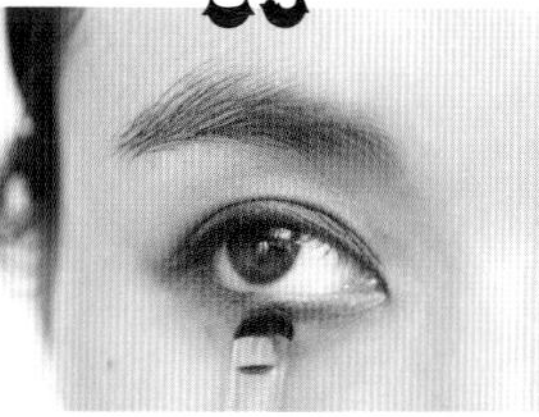

下まぶたにキラキラを仕込む

Dをブラシにとり、下まぶたのキワ全体にのせる。少し幅広くらいでも大丈夫。キラキラきらめいて綺麗。

06

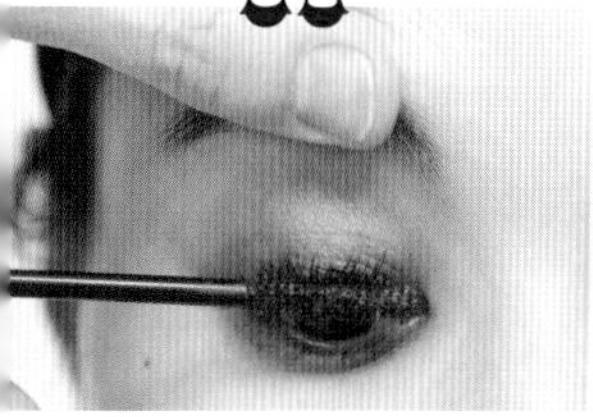

まつ毛は膨張色で開く

ビューラーで根元だけ2〜3回カールさせる。**C**を根元だけにしっかりのせ、下まつ毛には**B**を。締め色はNG。

イガリ案

「きゅるんとしたアイラインはうめこんでうめこんでつくろ」

女子の悩み！

「インラインの引き方がよくわからない」（33歳）、「粘膜が見えやすく、インラインを引いてもすぐに落ちる」（26歳）、「まつ毛が上がりにくく、そのせいでインラインも引きにくい」（25歳）。引きにくいからこそ悩みますよね。

まぶたの内側を埋める

今回はペンシルタイプを使用。まず、まぶたを指で少し持ち上げて、目尻より8mmほど内側までを埋める。

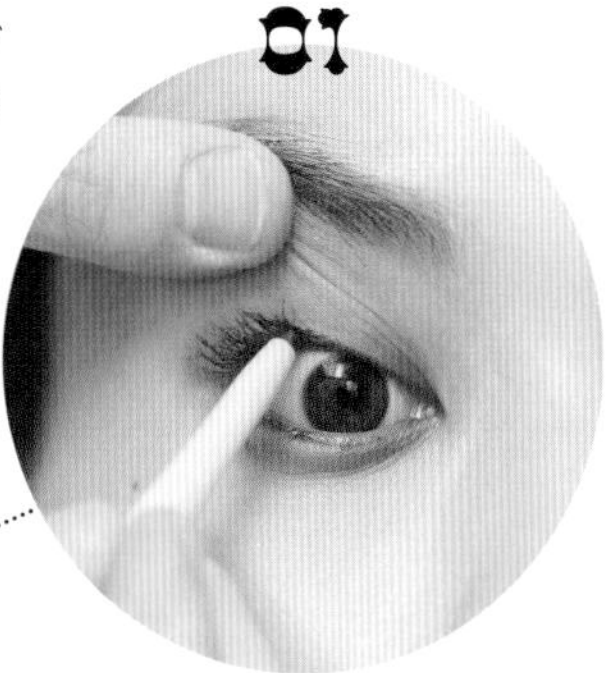

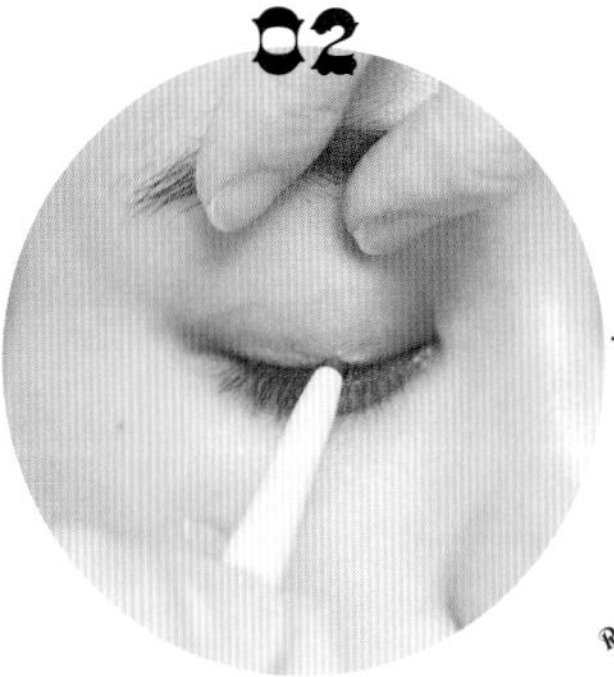

まぶたの根元を埋める

アイラインをまぶたの上側から差し込み、目頭から黒目の上あたりまで、まつ毛の根元の隙間を埋める。

Igari's Recommended

Used Item!

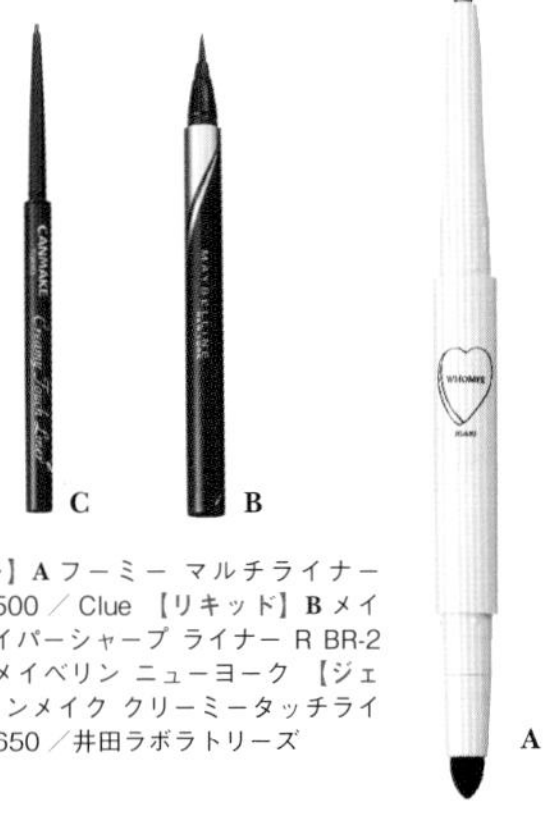

【ペンシル】**A** フーミー マルチライナー ROSY ¥1500／Clue 【リキッド】**B** メイベリン ハイパーシャープ ライナー R BR-2 ¥1200／メイベリン ニューヨーク 【ジェル】**C** キャンメイク クリーミータッチライナー 03 ¥650／井田ラボラトリーズ

**イガリ的♥
オススメアイライン**

はね上げねこライン

空へ向かって目尻から斜め45度上へキュン♪ リキッドのほうが綺麗に描けると思います。思い切ってカラーラインを使うのも◎ 楽しみ度数高めのラインだから、ファッションやマインドも角度高めでね。TPO にマッチしているかどうかっていうことが一番大事かも。夜遊びメイクに取り入れるなら、キラキラライナーもかわいい！

くりっとまるライン

自分のまぶたの形に沿って描くライン。大事なのは「まつ毛とまつ毛の間」に丁寧に描くこと。まつ毛より上にはみ出してしまうと、目が小さく見えちゃいます。正面から見たときに粘膜が気になるな～っていう場合は、そこも埋めて OK。このラインを描きたい日はペンシルライナーがオススメ。茶色ならより自然に仕上がります。

とろ～んたれライン

たれ目ラインってものすごく流行ったよね！ 本当にたれ目に見せたいときは、斜め45 度下へ向かって、目の周りのくぼみの骨まで描いて。若い子はこれでOK ですが、アラサー、アラフォー以上なら控えめにバレないくらいが上品。目尻って肌がくすんでいることが多いから、レンガ色っぽい色で描くとかわいく見えます。

アイラインの種類が変わっても、埋め込みラインの描き方は一緒だよ～。

03

目頭を描く

目頭にアイラインを沿わせ、くいくい！ っと動かして描く。このときもまぶたを少し持ち上げると描きやすい。

04

目尻のインラインを描く

アイラインを下から差し込んで目尻のインラインを描く。目尻ギリギリまで攻めるのが大切。

イガリ案

「顔の仕上がりを決めるのは眉毛一択だよ」

女子の悩み！

「左右非対称のためアイブロウが日によって仕上がりにムラが出る」（44歳）、「眉毛をお洒落にするにはどうしたら…。カッコいい、きりっとした自然な眉がうまく描けない」（28歳）。流行が早いからこそ、悩む人多し。

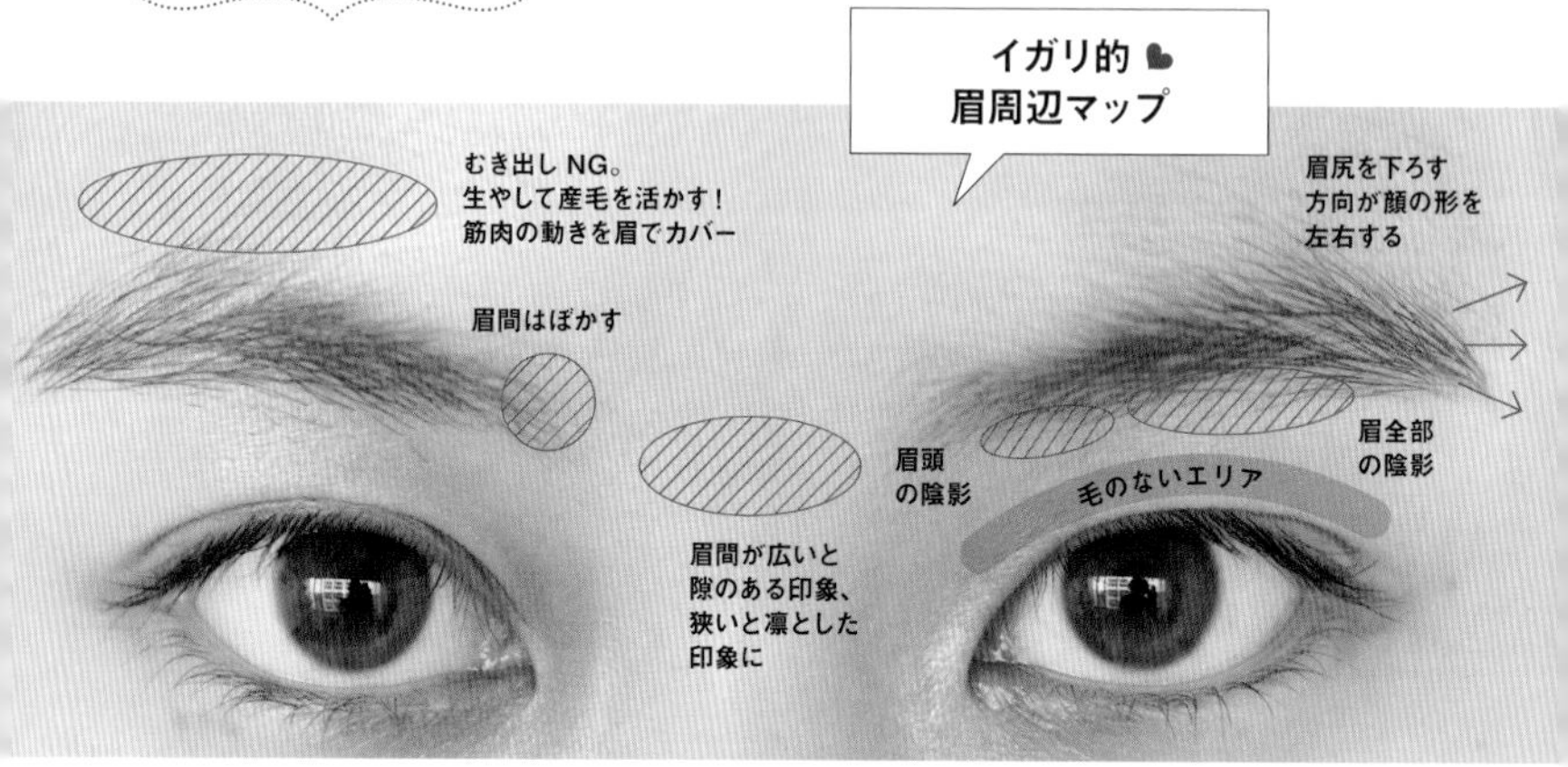

形、色、描き方で人生が変わるかも！

眉の雰囲気で顔全体の印象ってガラッと変わっちゃうんです。だからこそ、似合っているかって大事だし、なりたい顔によって描き方を変えるのもいい方法。

まず大事なのは眉尻が向かう方向。顔の形が全然違って見えるから。左右の眉頭の距離も重要。狭いときりり、離れているとほわんと見えます。太さは細ければ細いほどあっさり、太いとお洒落《しゃれ》顔になります。

眉色は、アッシュ系だと眉毛のボリュームが少なく見え、赤み系のブラウンだとボリュームアップします。どんな眉でも、複数のアイテムを使うと精度が高まるので、特にしっかり濃いめに描きたいときは2〜3アイテムを合わせ使いして。

さらに、引きずって描くのか、ポンポンと置くように描くのかによっても仕上がりの雰囲気が変化します。眉がハマっていないと顔の〝丁寧さ〟が欠けてしまう。一切描かないっていうのもひとつの手。

Check!

☑ 眉毛にもベースを欠かさずに

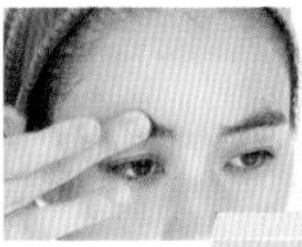

眉の中にもアイシャドウのベースを仕込んでおくと、眉アイテムの貼りつきがよくなって、圧倒的に落ちにくくなります。ハイライトを仕込めば、眉中の皮膚が軽く見えます。

A

B

☑ スクリューブラシは曲げて使う

まっすぐなスクリューブラシの先を45度に曲げてルーペのような要領で使うと、左右対称の眉に仕上げやすくなります。素眉は毛が重なっているので、眉を描く前は必ず整えること。①眉尻から眉頭へ眉の根元を立ち上げるように整えて。眉中の産毛も一緒に巻き込みます。②眉頭から眉尻へとかして。毛と毛の隙間を整えるのが重要です。

☑ 眉下にピンク色を仕込む

アイホールの上や眉毛の下側の余白に何か施すことで、目元の印象を変えることができます。私の場合は、マットなコーラル系ピンクを眉の下ラインに沿ってポンポンと仕込みます。眉下に添えることで目の錯覚が起きて、のっぺりしない立体的な彫りに近づくんです。

C

☑ アイブロウパウダーはポンポン置き

ぴーっと引っ張るように描くとぺたっと見えてしまいがち。幅広なコシのあるブラシで、目頭から6mm離したところからポンポンと描くと、ふっくらした今っぽい眉に。

D

☑ 眉マスカラで上質な毛に見せる

いろんなアイテムを使ってもバラバラに見えないように、1ブロックにまとめて。そのために、眉マスカラは柔らかな毛質に整える気持ちで使ってみて。特にアラサー以上は眉毛のコシがなくなってくるので、眉マスカラを投入するのが正解。

☑ 眉は一番最後に描く

すっぴんの状態で眉を描こうとすると、バランスをとるのが難しい。だから、私は一番最後に。メイクを手早く仕上げたい日にもオススメです。

E

☑ 目まわりのムダ毛はしっかり処理

眉のお手入れは、ほぼそのままでOK。短くカットすると立体感が出ないので避けてください。ここでいうムダ毛は、アイホールの上側や目尻下あたりの産毛のこと。目尻の産毛はシミに見えます。シェーバーで優しく処理してね。

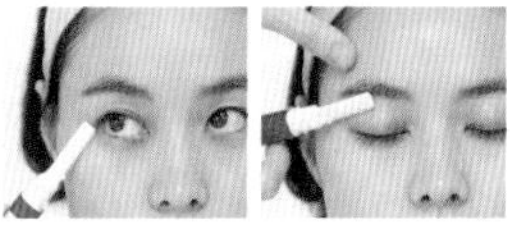

A アイリシェイパー　01 ¥3000／イプサ　**B** ダブルエンドアングルド アイブロウ＆アイラッシュブラシ 274 ¥4000／メイクアップフォーエバー　**C** フーミー アイブロウパウダー + red brown ¥1800、**D** 同 アイブロウブラシ 熊野筆 ¥1800／Clue　**E** ビハダ オンパ（オープン価格）／貝印

まゆテンプレ〜ト

赤みブラウンで色気出し

色っぽクール

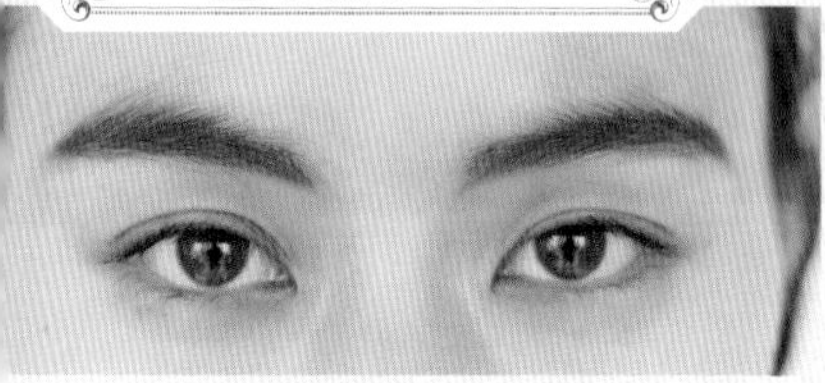

太すぎず、眉尻の長い眉は、大人感と色っぽさを同時盛り。赤みブラウンで凝縮された感じの密度感もGOOD。スクリューブラシで元の眉を活かすようにとかしたあと、**D**の左側2色を使って描く。
さらに、**E**のリキッドで眉の隙間を1本1本足す気持ちで。眉尻を**F**のペンシルで口角から目尻の延長線上まで長めに描き、**G**の透明マスカラで毛流れを整えて。

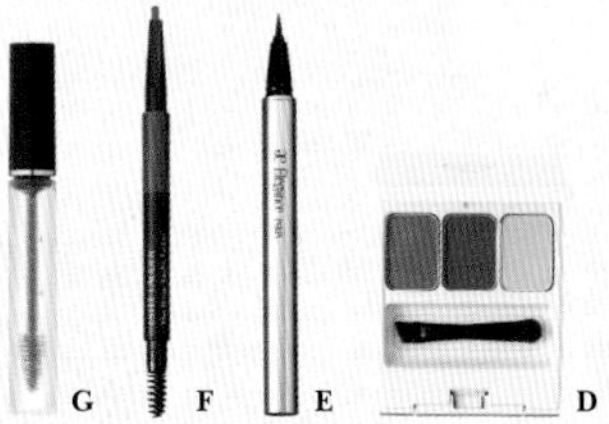

Dフーミー アイブロウパウダー + red brown ¥1800 ／ Clue **E**エレガンス アイブロウ リクイッド BR25 ¥3000 ／エレガンス コスメティックス **F**ブロー マルチ タスカー 03 ¥3500 ／エスティ ローダー **G**ボリューム アイブロウ マスカラ 04 ¥3000 ／ SUQQU

白肌にマッチする

イマドキ韓国

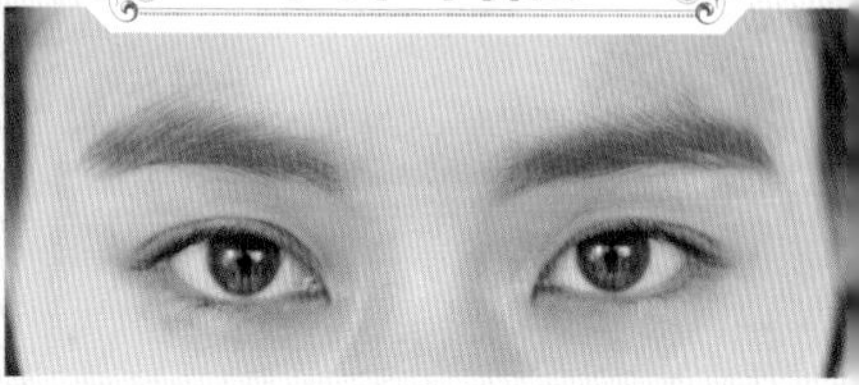

韓国でも流行っているピンクみのある白肌にマッチするのは明るめのベージュ眉。
Aで眉毛を下側に寄せるようにとかしたあと、**B**のペンシルで全体をざっくりと描き、スクリューブラシでとかしながらぼかす。
最後に**C**の明るめ眉マスカラで明るめ眉を定着させる。眉毛1本1本が長い人はこの方法でOK!

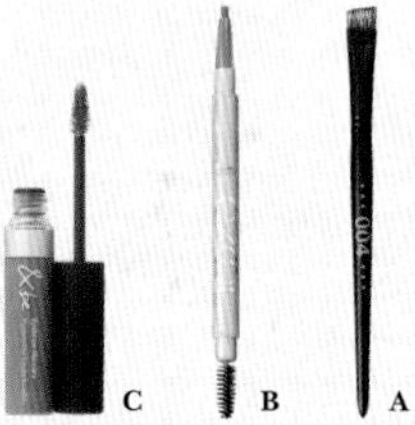

A yUKI TAKESHIMA yUKIBRUSH ProSeries 004 アイブロウブラシ ¥4290 ／ LOOP blue.Inc **B**エクセル パウダー＆ペンシル アイブロウ EX PD13 ¥1450 ／常盤薬品工業 **C** &be アイブロウマスカラ ライトブラウン ¥1300 ／ Clue

イガリ案

なりたいイメージごと

美しさは太く、濃く！

美女的ストレート

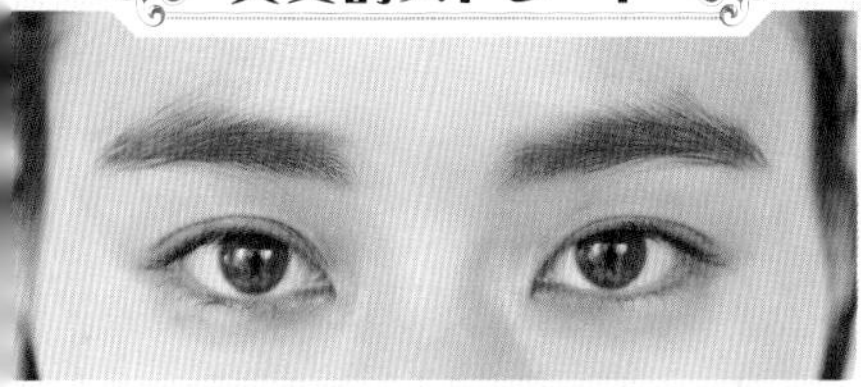

いろんなリップの色にチャレンジしやすい眉の形。どんな顔の形にも合いやすいところも人気で、太め、濃いめに仕上げることで美女っぽさがぐんと高まります。女優さんにこの眉が多いのも特徴。描き方も比較的簡単です。
Kの中央と左の色を混ぜて**L**のブラシにとったら、眉頭の上側と眉山の下側にガイドラインを入れてから中を埋めて。

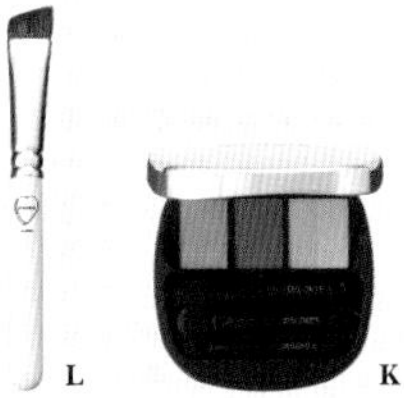

L　K

K コントゥアリング パウダーアイブロウ BR302 ¥4500／コスメデコルテ　**L** フーミー アイブロウブラシ 熊野筆 ¥1800／Clue

一瞬でお洒落《しゃれ》眉

優しげほんわり

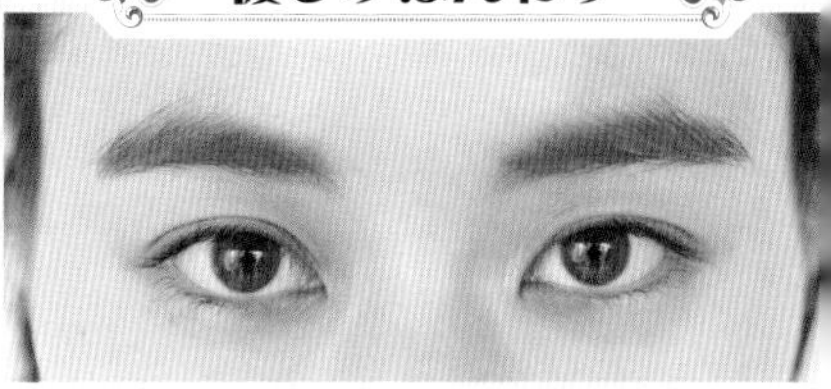

今一番お洒落《しゃれ》な眉がコレ。
ポイントはどんな肌色、どんな骨格にも似合う赤っぽいブラウンの眉色。扇型のブラシ**H**を使うとふわっと色づきつつ、グラデ感も出て◎
Iの中央のピンクベージュを**H**にとり、眉全体を描く。
眉マスカラは眉パウダーと合わせて**J**のバーガンディーカラーを。

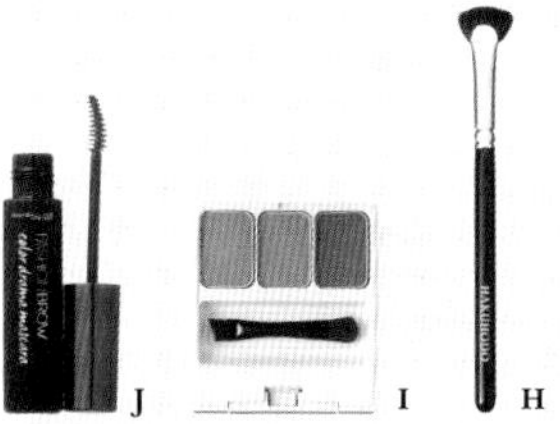

J　I　H

H 化粧筆 F8132 扇毛短扇形 ¥2700／白鳳堂　**I** フーミー アイブロウパウダー N ブライトブラウン ¥1800／Clue　**J** メイベリン ファッションブロウ カラードラマ マスカラ バーガンディ ¥1000／メイベリン ニューヨーク

イガリ案

「口紅一本で顔は劇的に変わる」

女子の悩み！

「赤いリップをつけたいが、派手になる」（37歳）。永遠の理想はじゅわっと決まる赤リップが似合う顔なんです。

01

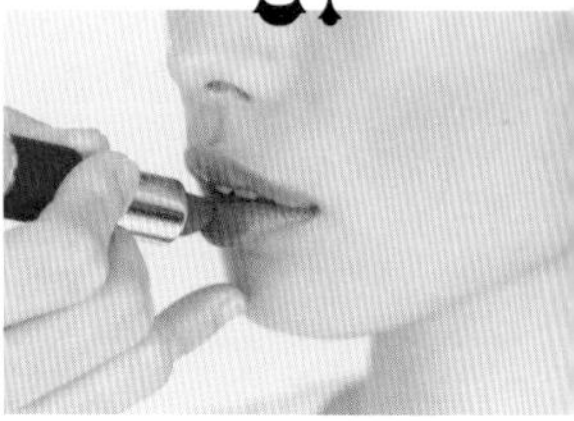

下唇に口紅をつける

下唇だけに直接口紅をぐりぐりっとON。口紅を上側から差し込むようにつけるのがコツ。

02

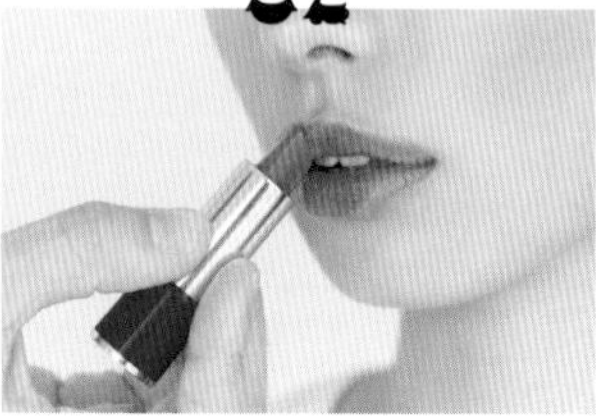

上唇はポンポン塗り

上唇には口紅を下から差し込むように。ぐーっと引っ張らず、ポンポンと塗って。

03

口角は押し上げながら

口角は、ほうれい線の下側を指で少し持ち上げて塗ると簡単。

赤リップさえあれば女子力ぐんぐん倍増♡

　顔の中でこんな均一にぴっちり色をのせられる場所はリップだけ。だからこそ口紅で美しく整えなきゃ。ピンクやベージュのリップだと、目元やチーク、肌の質感など、リップ以外のパーツのメイクで顔全体のバランスを整える必要があるけれど、赤リップならこれだけでバランスがぴしっと定まるのがいい。真っ赤なリップは抵抗がある人もいると思います。でも、華やかな顔になるのが赤リップの正解。怖がらないで赤リップの世界に飛び込んでみるべき！

　唇は、自分が思っているより大きいもの。輪郭がグレーっぽく残っている人をよく見かけるから注意してね。形は上唇が厚いほうが美人に見えます。下唇を大きくしすぎると顔が下がって見えるから、上唇は下唇の倍は分厚く描く気持ちでつけるくらいがちょうどいいかも。

同じリップでも塗り方を変えるとガラリと変わります

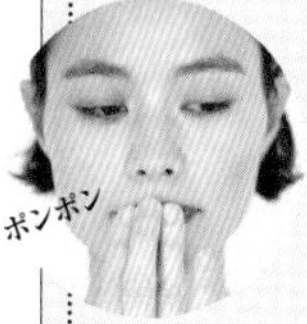

ポンポン

指3本に口紅をつけ、唇をポンポン叩くようにつける。ブラシよりこうして触るほうが唇の形をとりやすし、油分がうまく調節されてふっくらした唇に。最初に口紅を塗ってから、指3本でポンポンなじませてもOK。

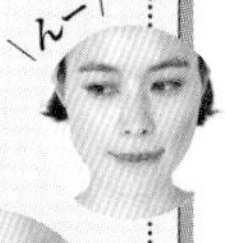

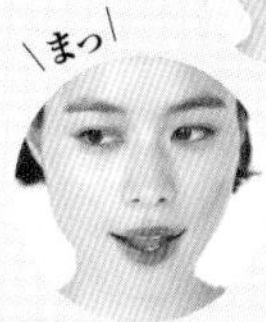

ん〜まっ

口紅を中央メインでつけて、"ん〜〜〜まっ"。そのあと輪郭を指で軽くなでて形を整えて。この方法だと口紅の油分がなくならないから、ボリューミーに仕上がって存在感たっぷりの色っぽい雰囲気に。

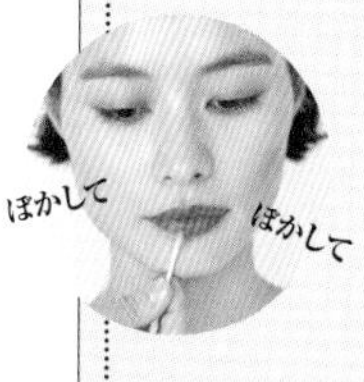

輪郭ぼかし

口紅を輪郭どおりにつけて。次にフェイスパウダーをつけた綿棒で輪郭の外側をなぞってぼかす。まっさらな綿棒は口紅の色をえぐってしまうけれど、これならするするなじんで好きな形に整えやすいはず。

ラプソリュ ルージュ R 01
¥4000／ランコム

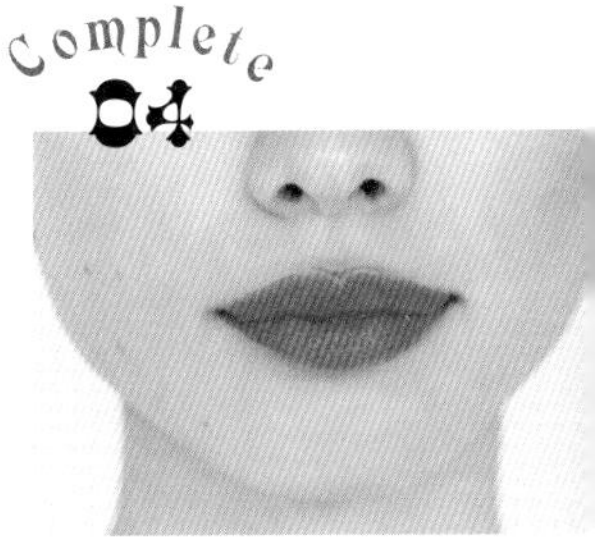

ん〜まっ！ で完成

唇を"ん〜まっ"となじませて完成！ ブラシなしでもここまで綺麗。

イガリ案

「リップブラシを使うだけであっという間に美リップ」

リップメイクのカギはリップブラシにある

リップ1本でカジュアルに塗ってもかわいくキマるから、「正直リップブラシって必要ないよね?」って思っている人、いますよね?

でも、シーンに応じてリップブラシを使って、その便利さと精度の高さを味わってほしいな。リップラインのエッジをパーフェクトにとれるのはリップブラシだけだし、つけ方によって唇の縦じわを綺麗に整えることができたり、油分をコントロールしたりと、思いの他頼りになるヤツなんです。リップラインがぼやけがちなアラフォー以上に特にオススメします! リップブラシの魅力にハマったあなたは形や毛質にもこだわってみて。動物毛、ナイロン毛、幅広のもの、毛足の長いもの……。いろいろあります。口紅のつけ心地と仕上がりががらりと変わって、さらにリップメイクを楽しめますよ~。

リップの油分の違い、知ってた?

リップアイテムによって油分の量が違うの。これによって潤いや厚み、もちが変わってくるというわけ。ここで一度おさらいしておきましょう。

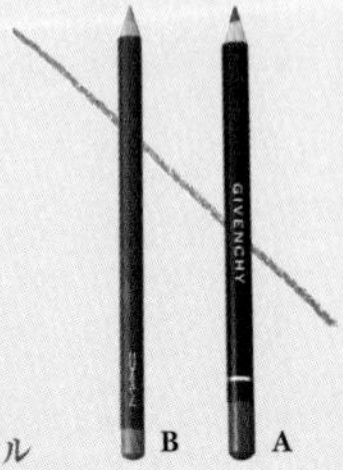

リップペンシル

唇の輪郭をとったり塗りつぶしたり。落ちにくいのも特徴。リップペンシルは明るい色ではなく、ベースになるような茶色がかった色を選ぶのがベター。上からのせる口紅の色も綺麗に発色させることができます。リップペンシル1本+リップクリームで仕上げることもあります。

油分の多さ → 少ない Less

女子の悩み!

「唇の輪郭がハッキリしていないので、なかなか綺麗な形にリップが塗れないよね」(20歳)、「もうちょい形よく盛りたい」(27歳)。色がはっきり現れる部分だからこそ“綺麗な形”に憧れます。

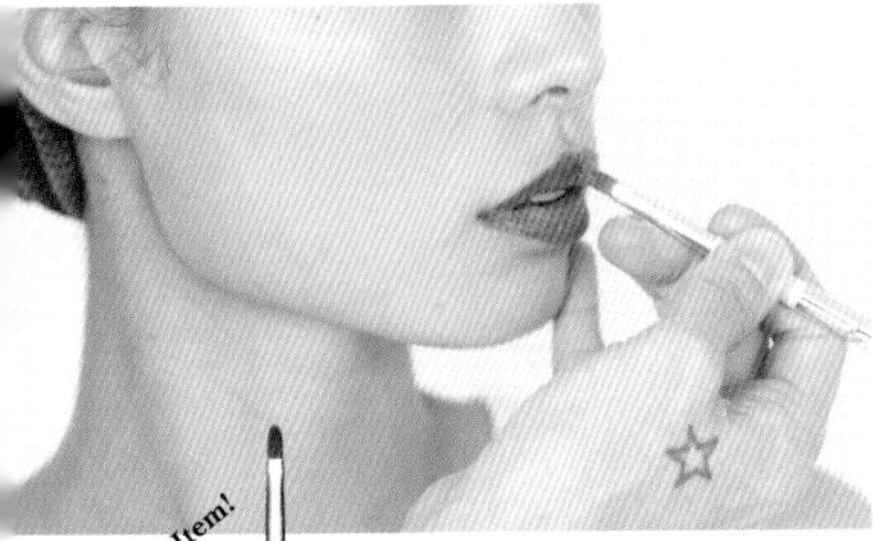

Used Item!

リップブラシを立ててつける

口紅をつけたあと、リップブラシでほうきのように唇の上をシャシャシャーッとなじませると、縦ジワが綺麗に整列します。

フーミー メイクブラシS 熊野筆 ¥1800 ／Clue

口紅をのせる

口紅を直接、はみ出さないように注意しながら全体にざっくりのせ。口紅を寝かさず、唇に対して垂直に当てるのがイガリ流。

A リップ・ライナー 9 ¥3300 ／パルファム ジバンシイ　**B** リップ ペンシル ボールドリー ベア ¥2400 ／M・A・C　**C** コフレドール　コントゥアリップデュオ 02 ¥2800（編集部調べ）／カネボウ化粧品　**D** ポール & ジョー リップ クレヨン 06 ¥2000 ／ポール&ジョー ボーテ　**E** インテグレート ボリュームバームリップ N RD685 ¥1200（編集部調べ）／資生堂　**F** カネボウ モイスチャールージュ 06 ¥3500 ／カネボウインターナショナル Div.　**G** ピュア カラー デザイア リップスティック 312 ¥4900 ／エスティ ローダー　**H** リップクリーム ¥900 ／ヴェレダ・ジャパン　**I** ポール&ジョー リップ トリートメント バーム ¥1800 ／ポール & ジョー ボーテ

リップケアアイテム

リップケアアイテムの油分はMAX。唇をしっかり保湿して潤してくれるというケア効果を堪能してもいいけれど、私の場合は口紅の上に重ねることも。こうすると透明な膜の奥から口紅の色が透けて見えてかわいいんです。どちらもずーっと前から大好きな2品です。

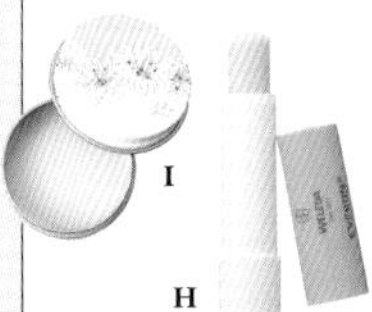

I

H

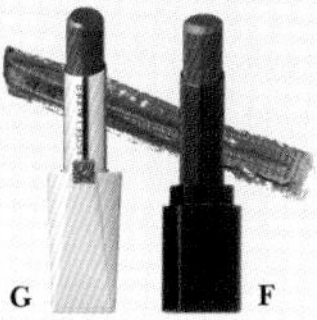

G　F

リップスティック

マット、シアー、ツヤなど、あらゆる種類の口紅が発売されていますが、いわゆるベーシックなタイプの口紅の油分はここに位置。唇に直接つけてもリップスティックがぐにゃっとつぶれることなく、適度な潤いと油分を与えてくれるこのタイプが私は大好き。

太ペンシル

クレヨンみたいな太めペンシルは輪郭も上手にとれて、口紅のように全体に塗れて、汎用性・大。これ1本で仕上げればマットな唇になれる。最近はEのようにバームタイプのペンシル型リップも人気！こちらはやや油分多めです。

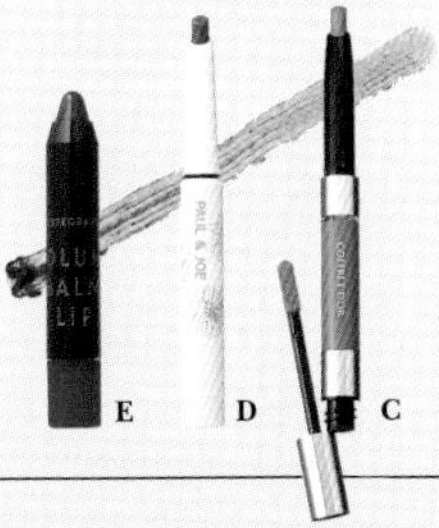

E　D　C

多い

More

1300人にアンケートしました

肌タイプ別♡ 顔の土台をなんとかしてくれるコスメ

脂性肌さん

とにかく油田のように噴出する永遠のテカリ問題

石油王の油田なのではないかと思うくらい脂がすごい。マスクをするととにかくすごい（22歳）／油田のように油がわく。角栓《かくせん》や毛穴の開きが目立つ（30歳）／鼻だけ油田でテカリやすく、毛穴落ちしやすい（30歳）

テカリお悩み女子に捧ぐ 全力オススメアイテム

テカリを抑えるバーム！（37歳）

ベースのもちを格段によくしてくれるアイテム（26歳）

 # ムー スキンスムーザー PW
¥3200／ハーブラボ

何度リピートしたかわからないくらい一生使ってます。テカらないし化粧直しの必要なし（33歳）

この下地を使ってからベースメイクが崩れにくくなったので、ずっと愛用してます（37歳）／他のものと比べて断然崩れづらい（15歳）

 # プリマヴィスタ 皮脂くずれ防止化粧下地
25ml SPF20/PA++
¥2800（編集部調べ）／花王

皮脂・テカリを抑えられてSPFも最強！ もちろんいい香り♡（21歳）

朝は化粧水後に使っています。この上から直接ファンデーションを塗って時短に。崩れにくくUVカットもしてくれるので毎日使ってます！（22歳）／ラインがたくさんあって、世代が変わっても今後使い続けたいシリーズ。これはしっとり保湿で、下地にもなって本当に楽ちん（23歳）

 # エリクシール ルフレ バランシング おしろいミルク
35g SPF50+/PA++++
¥1800（編集部調べ）／エリクシール

顔の土台ともいえる肌がしっかりしていると、より魅力的に。リアル女子たちの肌タイプ別のオススメアイテム、ぜひ参考にしてみてくださいね。

乾燥肌さん

年中真夏の砂漠のごとく
恐るべき冬の皮むけ問題

夏でも乾燥して皮がむけてしまう（19歳）／乾燥肌で冬になると顔全部皮がむけてしまう（27歳）／ファンデーションを塗ると皮むけが目立つ。アイシャドウを塗るとまぶたがぱりぱりになる。メイクの前は化粧水、乳液、クリームをつけてるけど、それでもだめ……（24歳）

カサカサお悩み女子に捧ぐ
全力オススメアイテム

敏感肌でも安心して使える。お守り的なスキンケアとして常に持っていたい（31歳）

メイクしてもすぐ粉っぽくなるのでメイク前には必須（30歳）／価格は安いが肌が弱くてもしっかり保湿してくれて、テクスチャーも重くない（44歳）

＃イハダ　薬用エマルジョン
（医薬部外品）135ml ¥1600／資生堂薬品

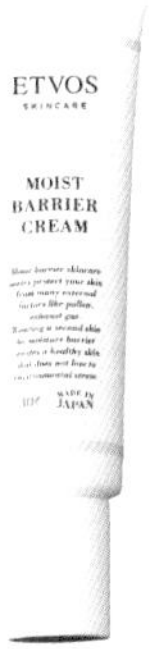

自然由来でお肌に浸透していて肌荒れしにくくなった（32歳）

乾燥肌のアレルギー持ちなので、花粉の時季には欠かせない（34歳）／保湿と香りがいい（27歳）

＃エトヴォス
モイストバリアクリーム
30g ¥3500／エトヴォス

＃アクセーヌ
モイストバランス
ローション 360ml
¥5500／アクセーヌ

一日中潤いが続くし、大容量だから惜しみなくたっぷり使える（24歳）

とにかくバシャバシャ普段使いできるコスパ！　特別な日に特別なものもいいけど、一生使いたいならコスパもよくなくては！　保湿もしっかりしてくれる（32歳）／敏感肌でもしみない（44歳）

イガリ案

「肌タイプ別 お手入れ レスキュー」

女子の悩み！

「敏感肌で夏は油ギッシュ、冬は超乾燥肌」(31歳)、「脂性肌にふったケア・ベースメイクをすると肌がきしむ感覚がある」(25歳)、「生理前に肌荒れする」(31歳)。日々の体調でタイプが変わる……。タイプに合わせたケアを知りたい！

みんな共通❤
ベーシックプロセス

01

化粧水をつける

スプレータイプの化粧水を5周つけてなじませ。スキンケアの工程はすべてスチーマーの蒸気を浴びながら行って。

A

02

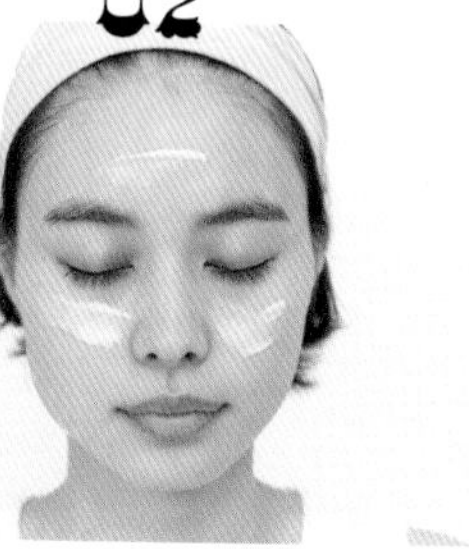

クリームをのせる

私も愛用しているエスティローダーの保湿効果たっぷりなクリーム。頬とおでこにざっくりのせる。

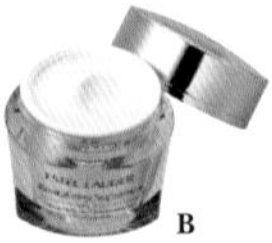

B

肌タイプ別❤
＋αテクニック

脂性肌さんの場合は……

05

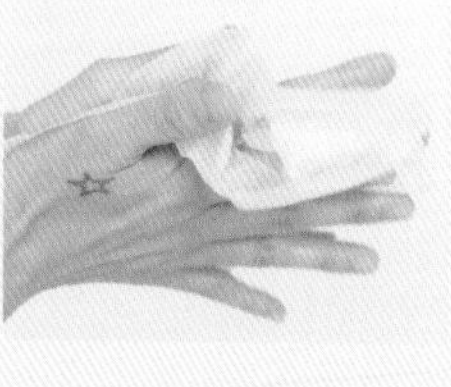

最後に乾燥した手で顔全体をなじませる

01 ～ 04 のあと、手の平をティッシュでぬぐって油分を完全にオフ。この状態の手の平で顔全体をぐーっと覆ってクリームや美容液をなじませて。余分な油分が手の平に吸収されて、メイクが崩れにくくなります。

A MiMC ONE フレッシュミスト 100g ¥2300／MIMC **B** シュープリーム プラス トータル クリーム 73g ¥15500／エスティ ローダー **C** lift placenta LP セラム エッセンス 18ml ¥3800／Clue **D** ビューティーブレンダー オリジナル（ピンク）¥2600／Ine

染み込んでくれ〜と念を込めながらスキンケア

メイクを楽しみたければ言うまでもなく、スキンケアはメイク以上に大切。肌の潤いを満タンにしておかないとメイクがのらないし、崩れやすくなります。くすみやシワが目立ったり、そのデメリットは並べたらキリがないくらい。

今はＰＭ２.５などの大気汚染も深刻になってきているし、肌を守る意味でも絶対的に必要です。整った肌をつくりたければまず、スキンケアを頑張ること。1日だけやったってだめです。毎日コツコツ続けることが大切ですよ。

ここでは私が撮影時にモデルさんによくやるスキンケアをご紹介します。スキンケア時にスチーマーを浴びながらやるのも、もっちりとしたハリのある潤い保湿肌をつくるために効果的なので、試してみてくださいね。

03

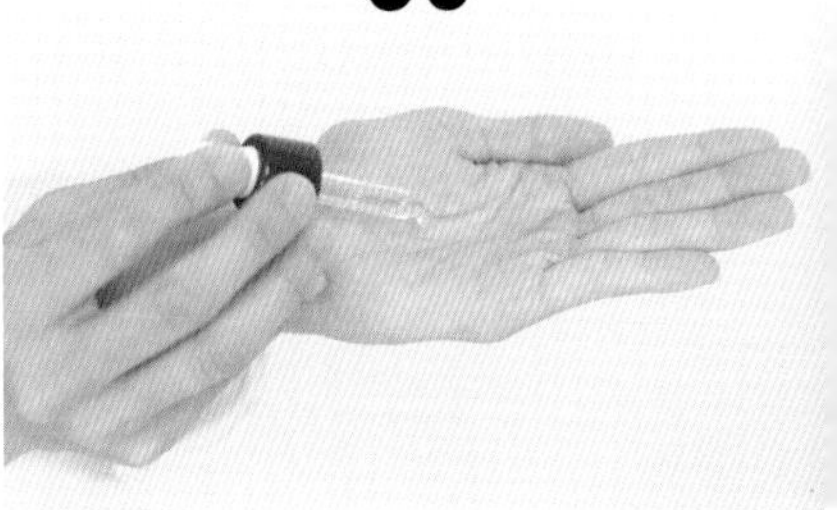

美容液を手の平に

オイル仕立ての美容液を手の平に出し、両方の手の平全体になじませながら体温で温める。

C

04

クリームをなじませる

03 で美容液をなじませた手の平で、**02** で置いたクリームを顔全体によくなじませる。

乾燥肌さんの場合は……

05

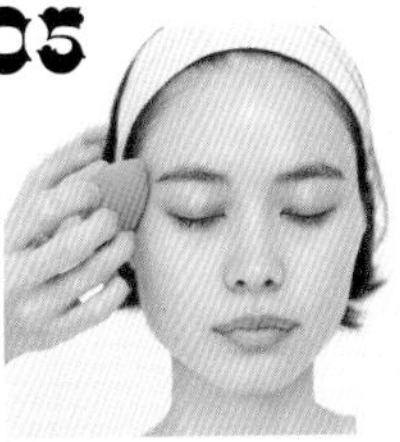

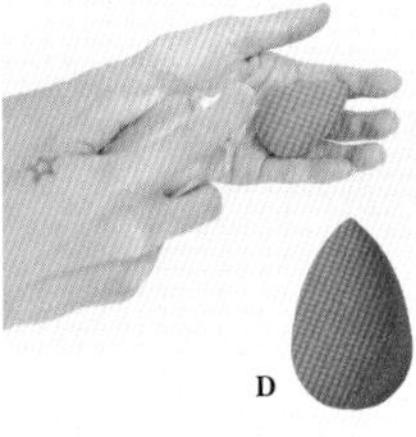

D

スポンジ＋化粧水で乾燥小ジワを撃退

04 のあと、スポンジに化粧水を吹きつけて濡らし、肌全体とトントンとなじませると潤いが強化。目の下やほうれい線などシワの出やすい部分は特に念入りに。上記の **02** ～ **04** の工程をもう1ターン追加してもOK。

&しっかりケア、はじめよ

口まわりのムダ毛

C

シェーバーでムダ毛を処理。ここにムダ毛があるとリップメイクが映えません。

まつ毛

A

育毛効果のあるまつ毛美容液の出番。「ただなんとなく」ではなく、まつ毛の根元から毛先へ向かって丁寧に。夜寝る前の習慣にしてみては？

B

口まわりのしぼみ

口の周りはシワや毛穴が目立つ場所。トーンアップのあとにBをくるくるとほうれい線の内側までなじませ。

ちゃっかり保湿を習慣にするのが早い

若いうちは気にならなくても、年齢を重ねるごとに顔だけじゃなく、あらゆるパーツの乾燥が気になってくるもの。こういう部分って、自分より周りの人に気づかれることが多いから、「目立たないよね？」なんていう気持ちに甘えずにすみずみまでケアをしましょう。慌ててケアしても1日ではどうにもなりません。日々の習慣にすることが将来の美への一番の近道ですよ～。

ムダ毛の処理やベースメイクの仕込みなど、しっかり丁寧ケアをみなさんにシェアします♡

イガリ案

パーツごとに てってー保湿

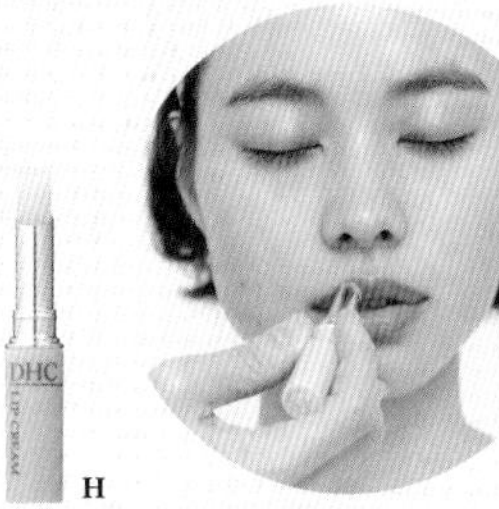

H

リップ

Hを唇の上をすべらせずに、ポンポンと唇の内側へ押し込むようにすると保湿度向上。

手〜腕

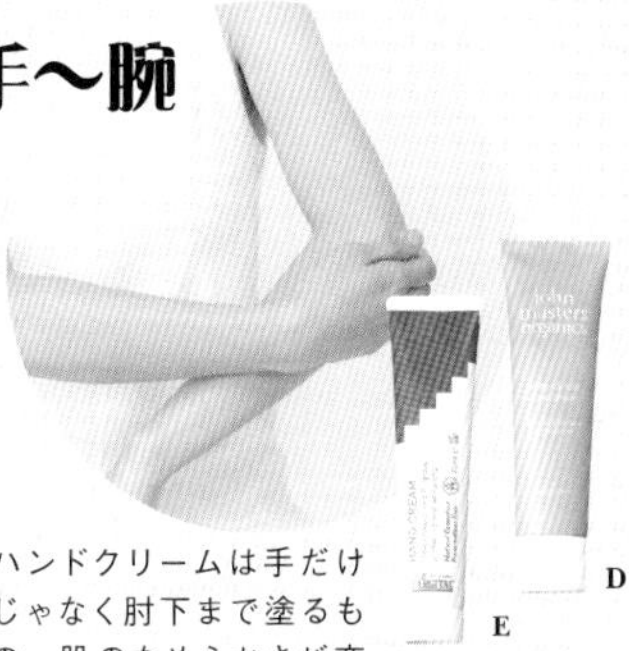

D

E

ハンドクリームは手だけじゃなく肘下まで塗るもの。肌のなめらかさが変わりますよ！

G

F

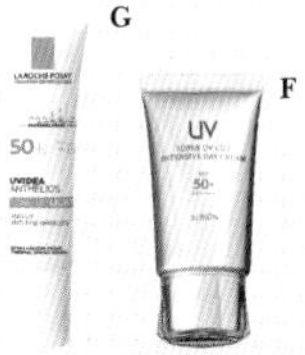

トーンアップと日焼け止めの合わせワザ

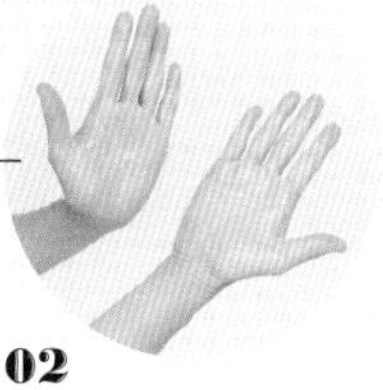

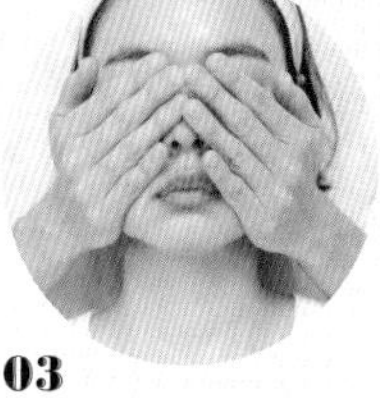

01

Gのトーンアップクリームを、おでこと両方にざっくりとなじませておく。

02

Fの日焼け止めを手の平に出し、両方の手の平の指先までしっかりとのばす。

03

02の手の平で01のトーンアップクリームをぐぐっと押し込むようにのばすとよれにくい。

A スカルプD ボーテ　ピュアフリーアイラッシュセラム　プレミアム ¥3204／アンファー　B スムース パーフェクティング タッチ 15g ¥3800／クラランス　C ビハダ オンパ（オープン価格）／貝印　D OR ハンドクリーム 54 ml ¥2300／ジョンマスターオーガニック　E アルジタル ヘリクリサム ハンドクリーム 75ml ¥2400／コスメキッチン　F スーパー UV カット インテンシブ デイクリーム SPF50+/PA++++ 50g ¥10000／アルビオン　G UV イデア XL プロテクショントーンアップ SPF50+/PA++++ 30ml ¥3400／ラ ロッシュ ポゼ　H DHC 薬用リップクリーム（医薬部外品）¥700／DHC

1300人にアンケートしました

私たちの

「顔を育てる」スキンケア

メイクする以上、常にスキンケアと向き合い続けなくてはなりません。化粧と向き合う女子たちが、一生使いたいスキンケアを大調査しました。

クレンジング界の
チョモランマ

 # シュウ ウエムラ
アルティム 8 ∞
スブリム ビューティ
クレンジング オイル
150ml ¥4600／
シュウ ウエムラ

しっかりメイクは落ちるのに肌がふわふわになる。クレンジングオイル界のチョモランマ。ここに登頂すると、他の山から見た景色が物足りなくなる（34歳）

 # アルビオン
薬用スキン
コンディショナー
エッセンシャル
165ml（医薬部外品）
¥5000／アルビオン

通称“スキコン”。大学時代からずーっと使っていて、もはやお守り。他に浮気したい気持ちもあるけど、ふらふらしても必ず戻ってきてしまう（29歳）

 # カバーマーク
トリートメント
クレンジング ミルク
200g ¥3000／
カバーマーク

浮気せずに使い続けている最愛コスメ。常に何本かストックしてる（もぐもぐ）

親から子に続く
泡の優しさ

 # ロゼット
洗顔パスタ 普通肌
¥650／ロゼット

子どもの頃からずっと使っている。私の肌に合っていて、荒れない肌をキープできている（27歳）

 # 無印良品 化粧水・敏感肌用・高保湿タイプ
200ml ¥628／無印良品
銀座

たっぷり入ってるし、肌への刺激も少ないので、すごく助かります（33歳）

 # SHISEIDO
アルティミューン
パワライジング
コンセントレート N 50ml
¥12000／SHISEIDO

お肌の水分量が絶望的な私の救世主。つけたあとのもっちりしっとり感と上品な香りが「あ、私今、肌に贅沢させてる…」と感じられて精神的にも効果があると思う。一生使いたい、というよりも手放すのが怖い…（33歳）

 # CNP Laboratory
プロポリスエネルギー
アンプル／私物

韓国女子に抜群の信頼を得ている「ドクターズコスメ」。手の平が頬に吸いついて離れないくらいもちもちで驚く!!!!（かん）

 # オバジ
C25 セラム ネオ 12ml
¥10000／ロート製薬

マジで「ビタミンCの原液!!!!」という感じの強烈さ。寝る前に塗ると翌朝起きたら毛穴が死滅してる感じがする……！
（ユッケ）

肌へのボーナスタイム

綺麗な肌の創造主

 # アルビオン
エクサージュホワイト
ホワイトライズ ミルク Ⅱ
200g（医薬部外品）
¥5000／アルビオン

7年以上使い続けてる。私に合っているみたいで、これを使い始めてから肌が綺麗と言われるようになった（27歳）

 # サボリーノ フェイスマスク
目ざまシート
32枚入り ¥1300／BCL

真面目にクレンジングしたほうがいいのはわかってるが、1秒でも長く寝たい日の味方（ひらりさ）

私らしく垢抜ける

あなたの顔はあなただけの個性があるもの。じっくり顔を育てたあとは、もっと自分に自信が持てるメイクを探してみましょう。

第3幕

龍猫所感

かわいくて上品、抜け加減もちょうどいい～。ほげ～顔する相手はいないけど（笑）、パーティーとかでやってみたい♡

・イガリ的・

いまどきの〝垢抜け〟ほげ～顔

A→Bの左下の色順で目元をぐるっと囲む。さらにBの右下を眉下までぼかし込んで。まつ毛はビューラーせずにDを。眉はEだけでOK。

肌色より1段濃いコンシーラーをチークに見立てて、頬の中央に広めに。Cは鼻根、目頭、リップの山にのせ、温かなツヤを。

パッと無意識に振り返ったときの顔って、気負っていなくてかわいいと思いませんか？　もともとのまぶたのくすみや、ちょうどよくゆるんだ目元やリップには、いい意味の隙や抜け感があると思うんです。

そんな〝ほげ〜っとした顔〟を意図的につくってしまいましょう！　目元は寒色系のシャドウで軽いまぶたに。キラキラを添えると、さらに**ゆるっとしたラフ感**が出ていい感じ。眉はぺたっと描かずに隙間を活かしつつ、ぼさっと重たい毛質に見せるのがコツ。ハイライトはピンク系で**肌の温かみを引き出して**。唇だけはゆるっとさせずに、**ブラウンやパープルを感じるカラーでおしゃ仕込みすれば**、バランスが整って、今すぐ抱きしめたくなる抜け感が出ます♡

ブラウンみのあるリップFを唇にしっかり塗ったあと、指でポンポンなじませ。ここが抜けるとただの眠い顔に見えるので注意して。

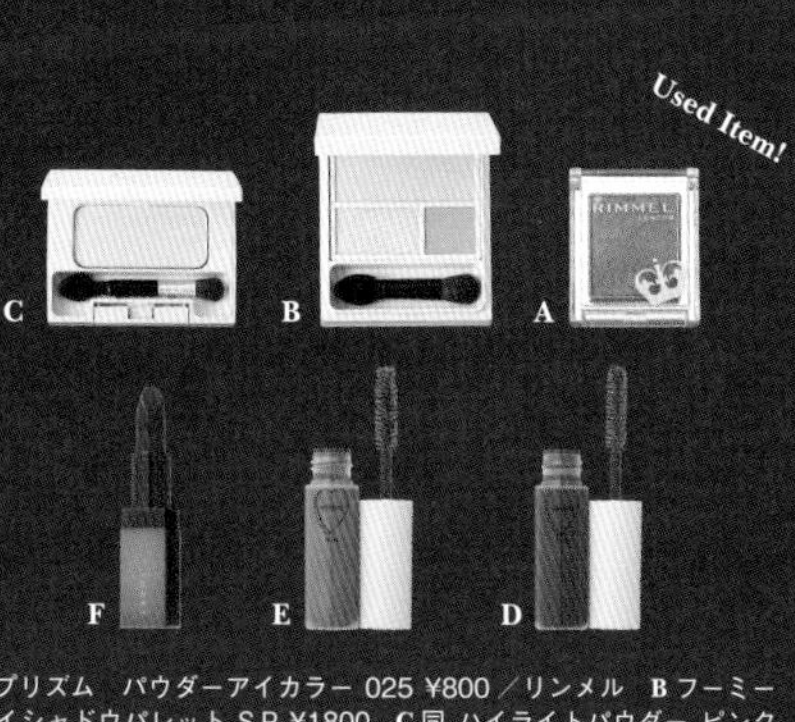

A プリズム　パウダーアイカラー 025 ¥800 ／リンメル　**B** フーミー アイシャドウパレット S.P ¥1800　**C** 同 ハイライトパウダー ピンク ¥1800　**D** 同 マルチマスカラ richeee ¥1500　**E** 同 マルチマスカラ reddee ¥1500 ／ Clue　**F** デアリングリィデミュアリップスティック 09 ¥3900 ／ THREE

イガリ案

「ハイライト・シェイディングで顔は変わるよ」

ハイライト　シェイディング

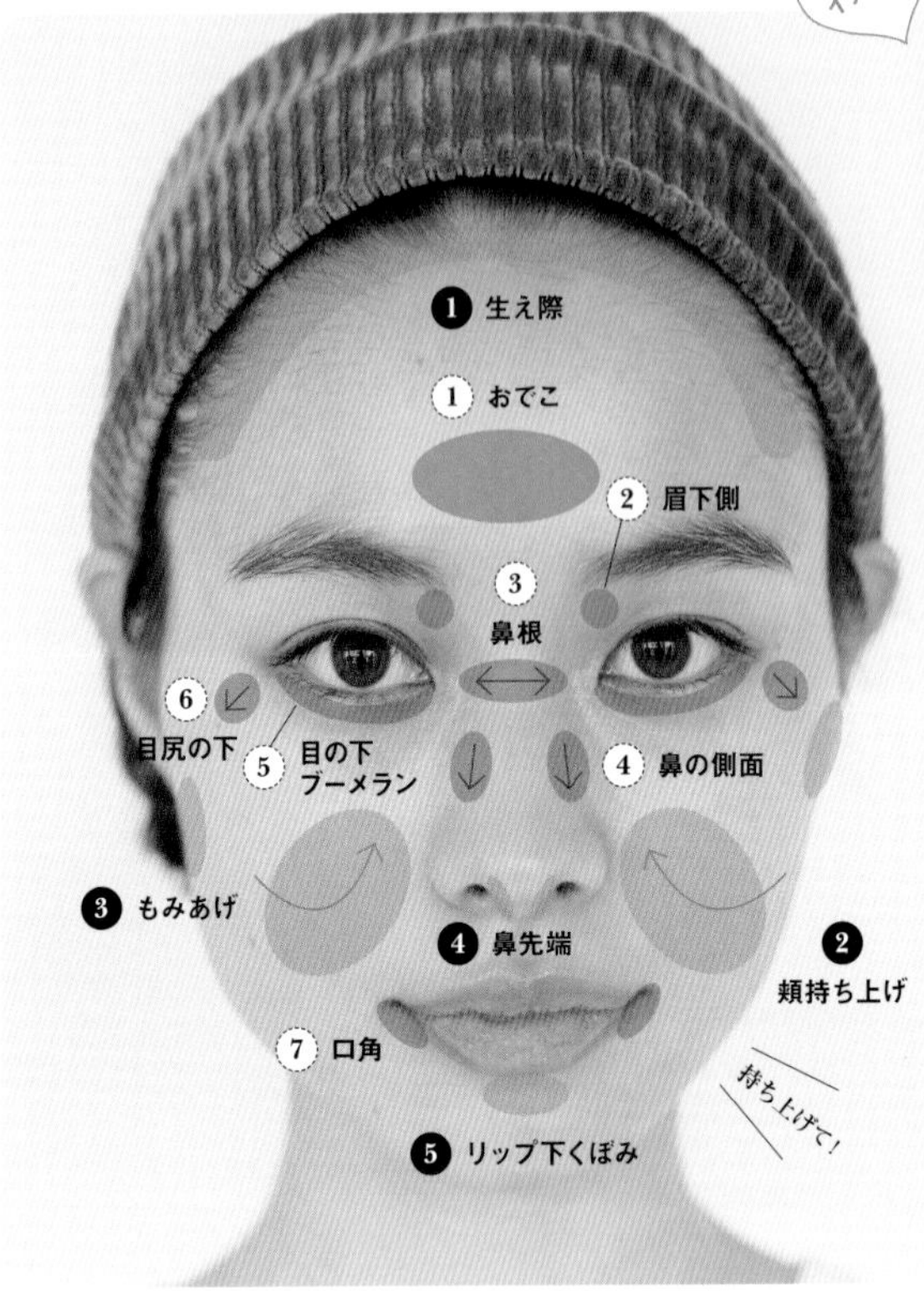

顔の造形を思うままに操作！

今ってファンデーションをしっかり肌に塗るんじゃなくて、**もともと肌にあるツヤやくすみを大切にした、軽めの肌がいいよね**ってみんなが思っている時代。

だからこそハイライトやシェイディングが大切なの。厚塗りにならずに肌質を高めることができるし、パーツの欠点や輪郭だってカバー。**顔の造形のすべてを変えられる**といってもいいくらい、そのパワーは強大なんです。

メイクに取り入れると、いつもと違った自分にきっと出会えるはず！

女子の悩み！

「ハイライトとシェイディングは何回やってもわからない」（21歳）。鏡で見たらイイ感じなのに、外で見たら驚くほど濃いのはあるある〜。

ハイライト

1 おでこ

横長の楕円形に入れるのが今のメイク理論。T字型に入れるのはちょっと昔っぽいかも。

2 眉下側

ここをツヤめかせて明るくすると、目尻横のフェイスラインがすっきり見える。

3 鼻根

ここにのせるハイライトは私の定番。皮膚がぐんと軽く見えますよ〜。

4 鼻の側面

もともとへこんでいる場所だけど、ここに光を入れることで輪郭に抜け感が。

5 目の下ブーメラン

下まぶたの涙袋がぷっくり見えると、愛らしさが高まるよね♡

6 目尻の下

花嫁メイクなど、横顔美人に見せたいときには必見！

7 口角

口角下にのせると、あごのラインがみるみるすっきり。

ハイライトは基本的にパウダータイプを使用。練りタイプはベースがよれがちなので使いません。ピンク系は肌から浮かない、イエロー系は色黒さんに、ホワイトは他のハイライトカラーを重ね使いがオススメ。 **A** インビジブル ライト ¥6000／ベアミネラル　**B** レオスールデクラ 18 ¥8000／クレ・ド・ポーボーテ

Igari's Recommended

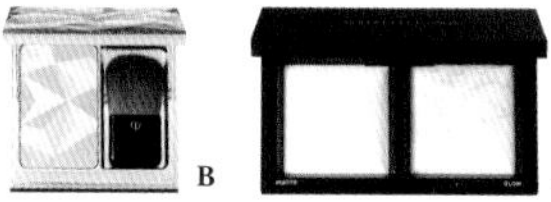

B　A

シェイディング

❶ 生え際

顔が確実にひと回り小さく見える。ほんのりのせるだけで十分です。

❷ 頬持ち上げ

チークをのせずにこれだけで仕上げることも。頬骨がきゅっと上がります。

❸ もみあげ

長さを足すんじゃなくもみあげの中を埋め込むようにすると、❶と同様、小顔効果あり。

❹ 鼻先端

鼻の先端にVの字を入れるように。鼻先がきゅっと小さくなります。

❺ リップ下くぼみ

唇が思いっ切りぽってりボリューミーに見せられる！

肌色にぺたっと色づきすぎないシアーなタイプが◎　色は肌色より1段暗いくらいでとどめて。　**D** フーミー ちっちゃ顔シャドウ ¥1800／Clue　**E** too cool for school アートクラスバイ ロダン シェーディングマスター ¥1900／PLAZA　**F** ミルクチョコレート ソレイユ ロングウェア マット ブロンザー ¥3800／トゥー フェイスド

Igari's Recommended

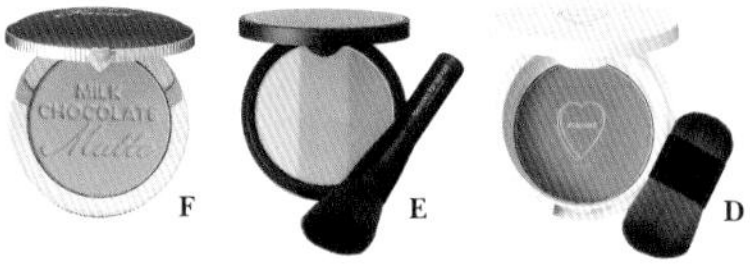

F　E　D

ハイライト&シェイディング+リップだけでも華やぐよ

肌から浮かないパウダータイプのピンク系がお気に入り。
フーミー ハイライトパウダー ピンク ¥1800 ／ Clue

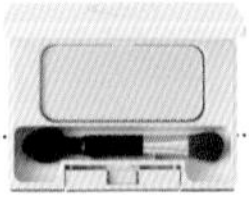

ハイライト

01

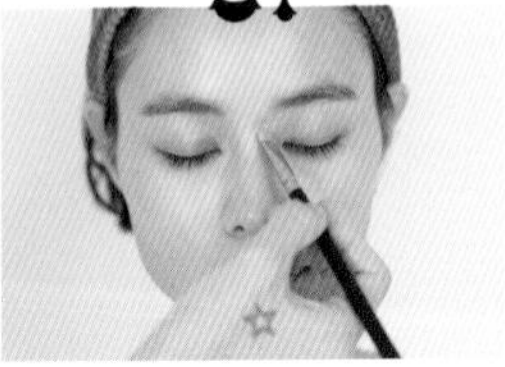

鼻根にのせる

ピンク系のマットなハイライトを、ブラシで鼻根にのせる。肌色が暗めの方はイエロー系がGOOD。

02

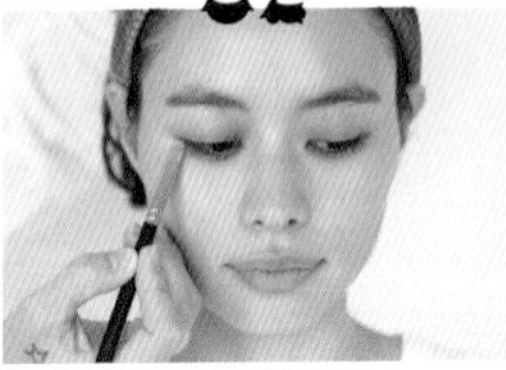

目尻の下にのせる

目尻から斜め下に向けてささっとつける。フェイスラインが抜けて、横顔の美人度が高まります。

03

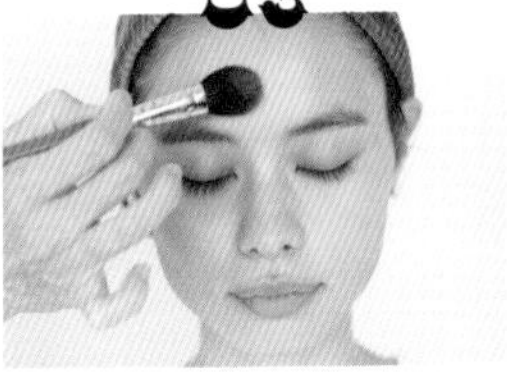

おでこに入れる

少し太めのブラシに持ち替えて、おでこにパッパッパッとのせて。立体感のある凹凸をつくれる。

NARSは粉質が優秀！
NARS サンウォッシュディフュージングブロンザー 5167 ¥4400 ／ NARS JAPAN

シェイディング

01

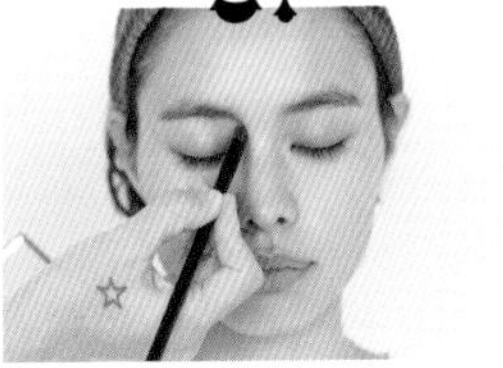

眉頭の下にのせる

眉頭下のくぼみにブラシを沿わせ、弧を描くように。鼻筋まで引っ張らないように注意！

02

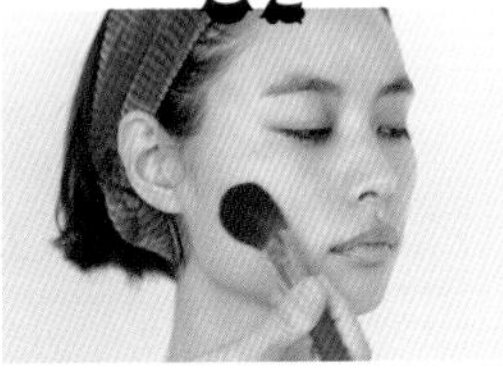

頬骨を持ち上げる

もみあげから頬骨を持ち上げるようにのせる。この入れ方はチークの役割も果たします。

03

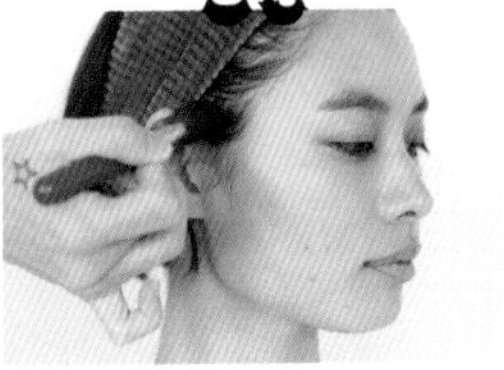

生え際ともみあげに

生え際全体ともみあげは、髪の中に埋め込むようにのせると、自然な仕上がりに。

雌猫所感

スマホの普及で写真とか動画を撮る機会が増えたから、立体感は重要だよね。全部をしっかりメイクじゃなくて、アイメイクは引き算っていうのが、新しい。

とどめのリップは赤オレリップ

ハイライトとシェイディングって、1ヶ所に入れるだけでどこかがぐっと際立って見える、錯覚の連鎖なんです。組み合わせ方次第で頬の位置がぎゅっと上がって見えたり、首が長く見えたり、デコルテがすっきり見えたりと、いいことばかりです♡

Used Item!

赤みオレンジ＝赤オレリップを唇の輪郭どおりにしっかり塗って、メイク完成。顔全体がぴりりと引き締まります。
ポール & ジョー リップスティック N 309（レフィル）¥2000、同 ケース N 02 ¥1000／ポール & ジョー ボーテ

の輪郭つくっちゃお〜

ハイライト　シェイディング

顔の形によって入れる場所も違うんです

先にもお話ししたように、ハイライトとシェイディングで、骨格を思うままに操作することができます。例えばどこか一ヶ所にのせるときゅーっとあごが小さく見えたり。どこにどう入れると、どう変わるのか、といった変化をぜひ研究してみてください。ここでは顔型別にオススメの入れ方をレクチャーします。ハイライトとシェイディングに関してもうひとつ大切なこと。それは、メイクの最後の最後に入れるということ！リップまで仕上がった段階で鏡をぐーっと遠ざけて顔全体のバランスをチェックしながら、丁寧に焦らずに。こうするとハイライトやシェイディングが悪目立ちしない顔に仕上げることができますよ。ヘアやファッションがすべて仕上がったあと、出かける直前にやってもいいくらい！

丸顔さん

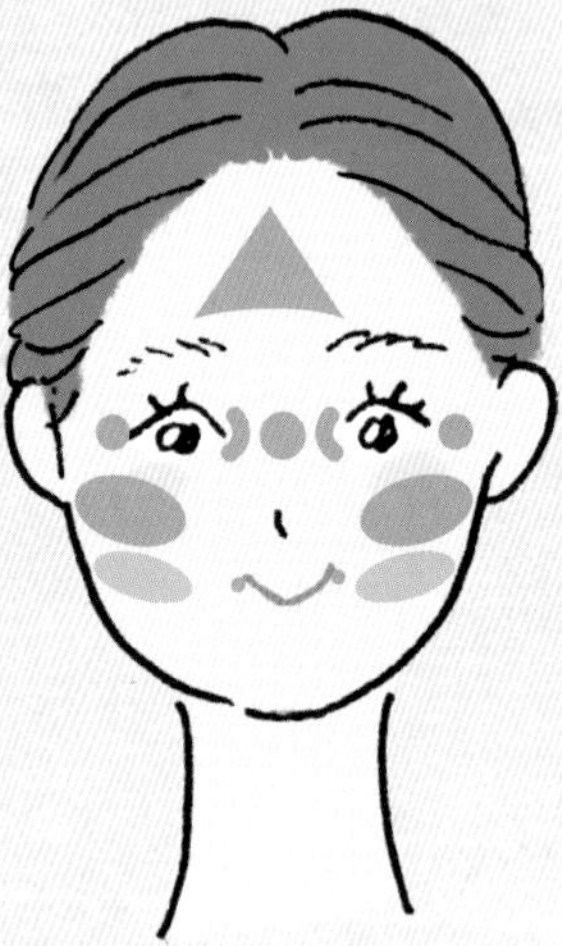

ハイライトをチークっぽく

生え際にしっかりシェイディングを入れるより、頬の高めの場所にチークのようにハイライトを入れて。シェイディングは頬骨をぐいんと持ち上げるように。顔の立体感が高まるし、ぐんっと前にせり出すメリハリ顔に見えるはずです。

イガリ案

ハイライト&シェイディングで理想

面長さん

縦幅を削って横幅を広げる

おでこの生え際とあごにさらっとシェイディングを入れ、顔を短く見せる！ こうすると目の錯覚で顔の横幅が広く見えるようになります。鼻の下が長い方は上唇を少し大きめに描くことで、間延びして見えがちな頬の面積も狭くなるので、ぐっと印象が変わりますよ。

エラ張りさん

気になるエラ部分を削るように

エラはシェイディングで隠そうとすればするほど悪目立ちしてしまうことも。だから、正面から顔を見たときにどうしても気になる人だけ、チークの下に軽くシェイディングを入れてください。例えば、写真撮影をする日だけとかでもいいんじゃないかな。

イガリ案

「チークは瀬戸大橋だと考えて」

女子の悩み！

「場所がイマイチわからない。おてもやんのようになるのが嫌で薄めに塗るけど、薄めだと血色が出ないし、少し濃くすると一気にもさくなる」（18歳）。自分の顔の位置関係がわからないチーク難民を助けて！

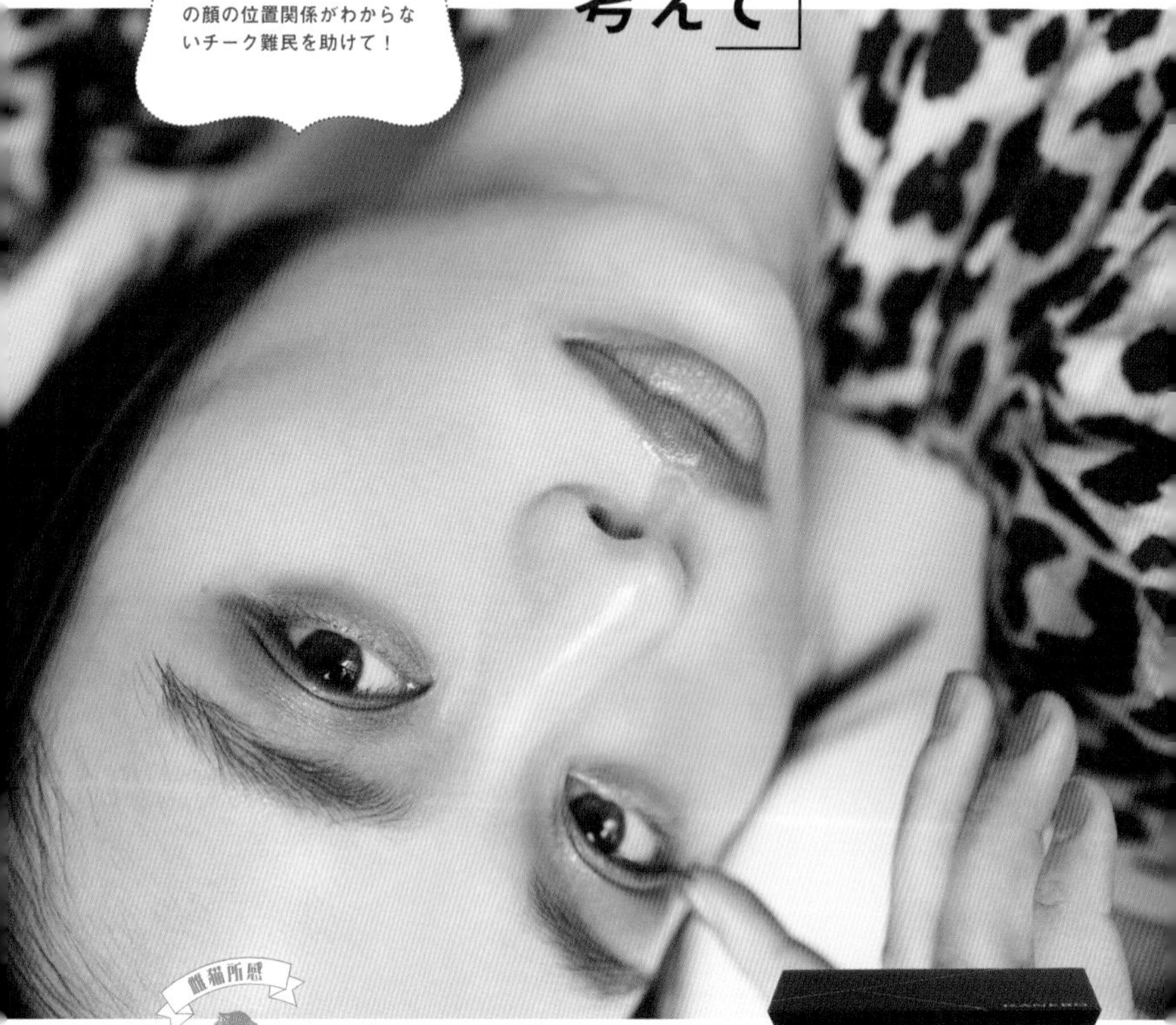

雌猫所感

チークを入れると子どもっぽくなるイメージがあったけど、ベージュ、オレンジブラウンのシャドーにピンクチークの組み合わせが甘すぎないかわいさでいい感じ！

Used Item!

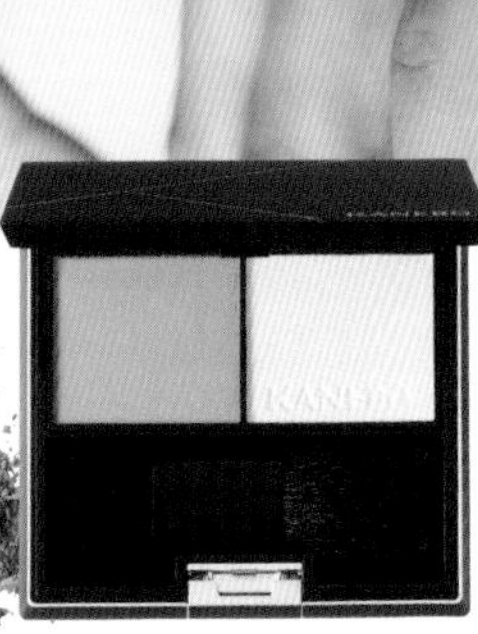

A

A カネボウ ヴァリアンブラッセ（チークス）01（セット価格）¥5500／カネボウインターナショナルDiv.

B

C

B ドルチェ＆ガッバーナ ソーラーグロウ ウルトラライト ブロンジングパウダー 10 ¥7800／ドルチェ＆ガッバーナ ビューティ　**C** フーミー チークブラシ 熊野筆 ¥2800／Clue

目とリップの間を
ふわっとつなぐように

チークは頬の始まりと終わりに。つけ方によって盛り上がり方がずれてしまったり、色やテクスチャーによっては悪目立ちしてしまったりする、一番難しいパーツ。チークは目元とリップをつなぐ〝瀬戸大橋〟のような役割を果たさないとだめ。ここがうまくいってこそ顔全体がまとまると思うんです。

たまにはチークの形が主張せず、入っているかわからないくらいふわっとでもOK。目元とリップをチークでつなげないチークレスもひとつの方法。目元とリップを孤立させることで、洒落《しゃれ》た攻め顔がつくれます。

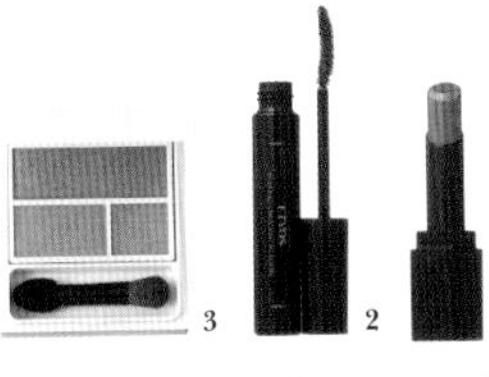

3　2　1

1 カネボウ モイスチャールージュ 09 ¥3500／カネボウインターナショナル Div.　**2** ミネラルロングラッシュマスカラ　ブラウン ¥2500／エトヴォス　**3** フーミー アイシャドウパレット R.P ¥1800／Clue

チークの位置で 顔の印象を変える

Igari's Recommended

＼くすみを感じるピンクがオススメだよ〜！／

しっかりピンクや赤というより、肌になじむ少しくすみを感じるピンクやベージュ系がイガリ的マスト。パウダータイプが失敗しにくい。

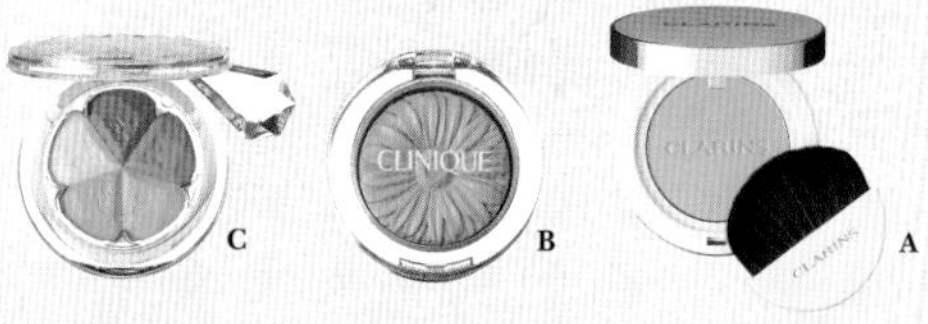

A ジョリ ブラッシュ 01 ¥4500／クラランス　**B** チーク ポップ 05 ¥3300／クリニーク　**C** ジルスチュアート　ブルーム ミックスブラッシュ コンパクト 01 ¥4200／ジルスチュアート　ビューティ

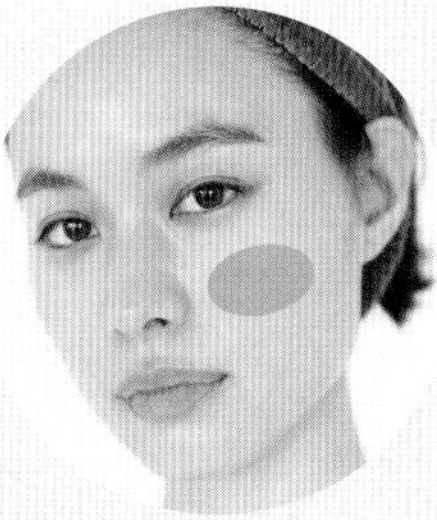

顔に優しい丸みが出る優等生

ふんわりベーシック

小鼻の横に楕円形に薄〜くのせて。間違っても濃くのせちゃだめ。ほうれい線にかからないように、太めのブラシでふんわりとね。どんな色でもマッチする入れ方で、メイクの方向性も問わない万能チークです。

誰でも必ずかわいくなれる

新・おフェロ

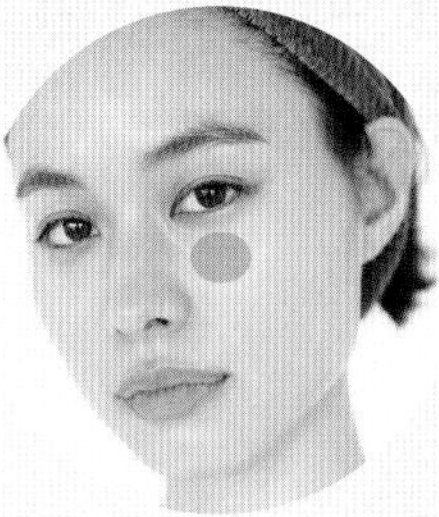

目のすぐ下に赤み系ピンクチークを、目尻からはみ出さないように。パウダーでもいいけど、練りチークとの相性が抜群です。横から綺麗な光が入り、アイメイクと眉とチークがワンブロックにまとまってあどけない印象に。濃い色リップとの相性も◎

働く女性にぴったりのきちんと系

ブーメラン

頬骨の高い位置から斜め上へ引き上げるようなブーメラン型のチークは、社会で戦う働く女性にぴったりなきちんと系の顔にマッチ。頬の中心にはのせないのがコツ。必然的に大人っぽいコンサバ顔に見えるのでダークな色は避け、ピンク系でソフトに。

存在感を思いっ切り出したい日に

R&B

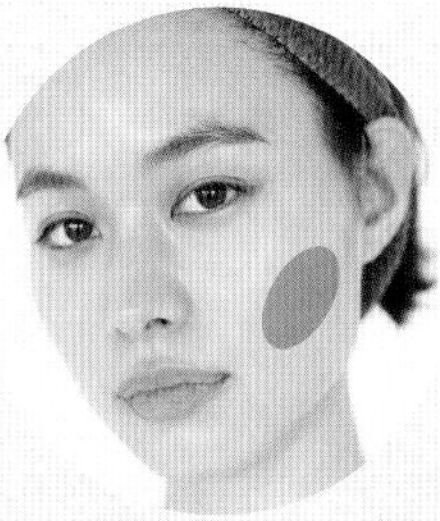

90年代のR&B系のアーティストたちがやっていたように、赤み系ベージュチークを頬の中央から輪郭側に入れると、少し強めの印象に仕上げられます。抜け感が一気になくなって、顔そのものがぐんぐん際立ちます。

カール失踪問題

イガリ案

「黒い蝶のようなまつ毛はこうつくる」

女子の悩み！

「下まつ毛のマスカラが午後には大体落ちてしまうので、落ちないマスカラの塗り方が知りたい」（34歳）。朝のきゅるりんまつ毛のカールがキープできる方法なんて、この世に存在するんでしょうか……。

01

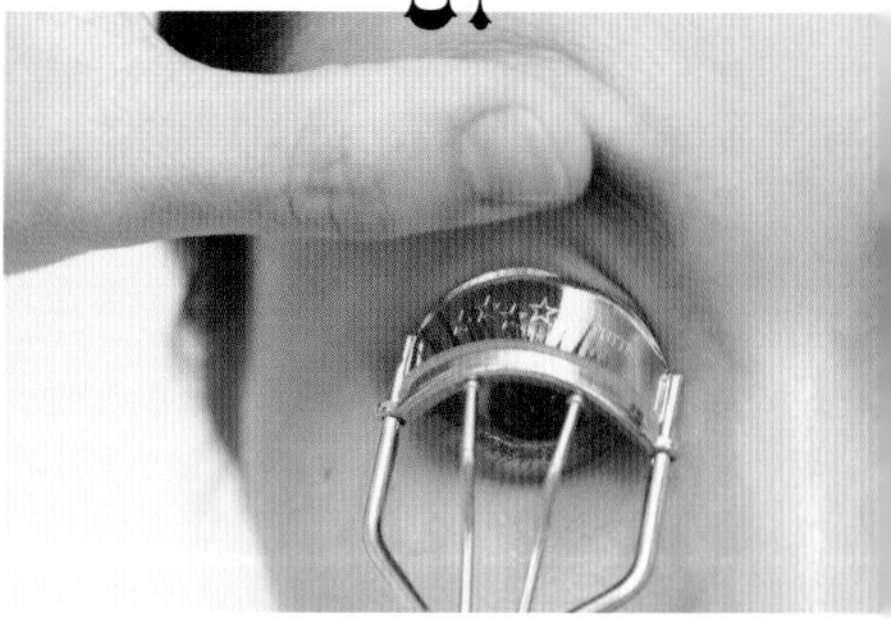

まつ毛の根元だけをカール

Aでまつ毛の根元だけをぎゅっと上げる。指でまぶたを少し持ち上げるとやりやすいはず。

02

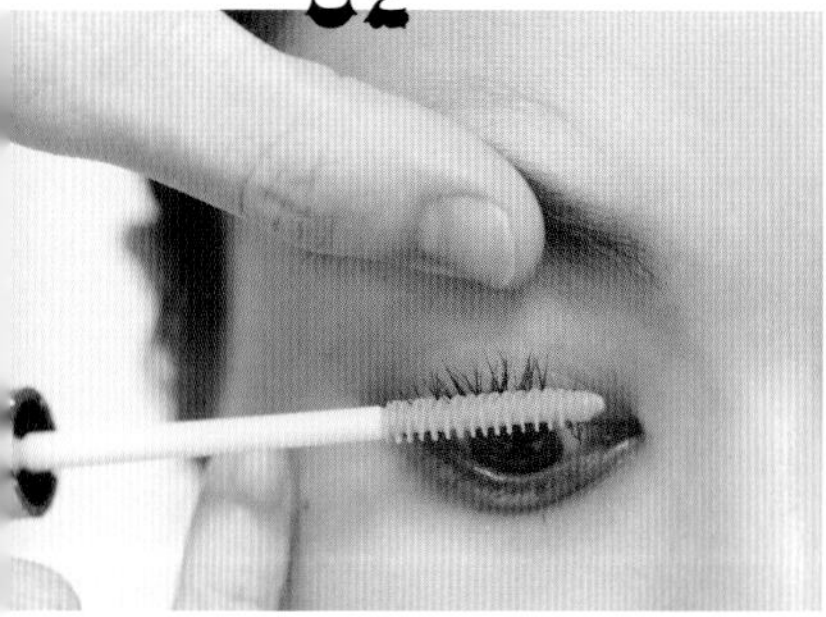

マスカラ下地をつける

まつ毛のカールを押しつけるように、カールをFIXするタイプの下地**B**を、根元から毛先へ1度塗り。

Used Item!

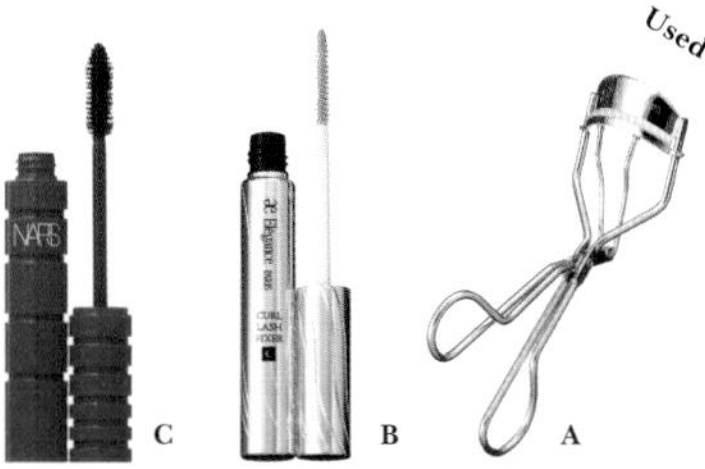

C　B　A

A アイプチ® フィットカーラー ¥1500／イミュ　**B** エレガンス カールラッシュ フィクサー ¥3000／エレガンス コスメティックス　**C** NARS クライマックス マスカラ 7008 ¥3600／NARS JAPAN

長さやボリュームではなく まつ毛の向きで表情を変える

まつ毛メイクはビューラーをしてマスカラをつけてという感じで義務的にしてしまいがち。シャドウやリップはそのときのトレンドで変わるのに、まつ毛に限っては自分好みの仕上げ方をずーっと続けている方が多いように思います。でも、**まつ毛の向きやカールの具合**にもっとこだわると、より印象的な顔、今の時代に合った顔に近づけるんです。

そのためには、まつ毛がどの方向に向かっているのか知ることが最も大切。それによって白目の見え方が変わるから、目の大きさそのものはもちろん、目の表情も違って見えるんです。前髪だって、右分けと左分けでは、顔の印象がガラッと変わるでしょ？　それと一緒です。

オススメは、**まつ毛のカールを前に出す**方法。白目がきらめいて前にふっくらとせり出す、凹凸のある顔に見せることができます。

03

マスカラは根元にたっぷり

Cのマスカラを根元に当て、ぐびぐびとブラシを動かしてたっぷりつけたあと、顔の中心側へすーっと抜く。

Complete 04

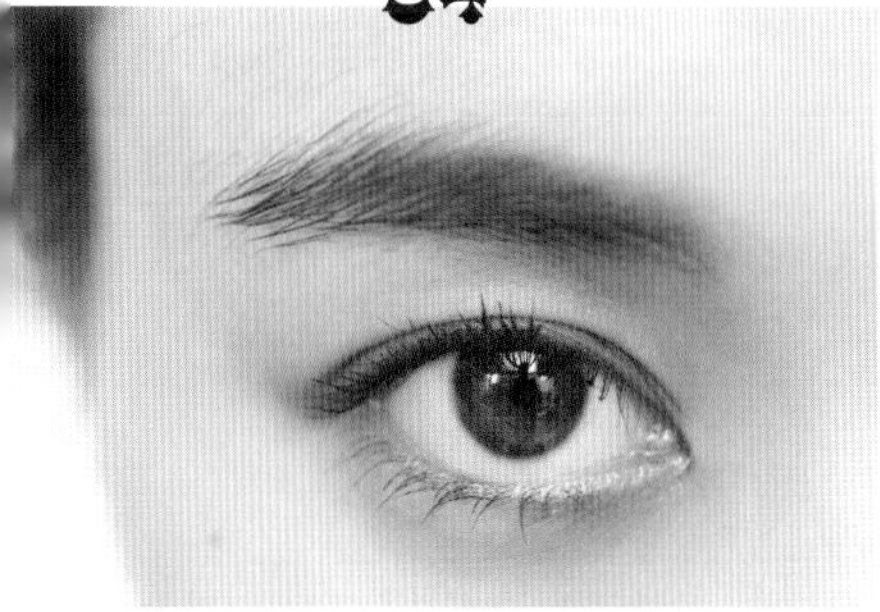

前出しまつ毛の完成！

白目もくっきり見えるでしょ♡

Butterfly lashes

Igari's Recommended

マスカラを落とすときは専用コスメでしっかりオフ。色素沈着を防いでね！
ヒロインメイク スピーディーマスカラリムーバー ¥840／KISSME（伊勢半）

まつ毛の仕上げ方で 印象がググッと変わる

イガリ案

黒目くっきり 真ん中しっかりまつ毛❤

前ページで紹介したやり方＋黒目の上の中央あたりにたっぷりマスカラを重ねると、より立体感のある目元に仕上がります。ビューラーで根元からしっかりカールさせることも大切です。

01

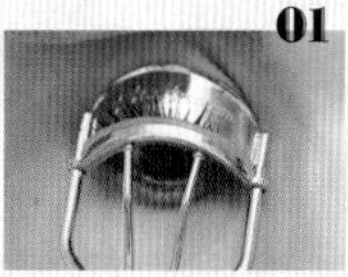

ビューラーで根元だけをしっかりカールさせる。

02

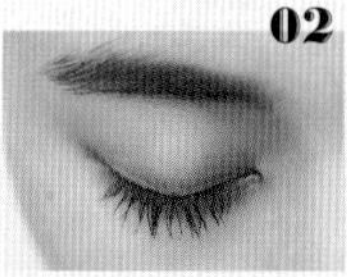

黒目の上だけ２度塗りして濃く見せる。

きりり色っぽ系 横流しまつ毛❤

目尻側のまつ毛を強調した目元は、女らしい色っぽさが特徴。ビューラーも目尻側をしっかり横に流すようにして使うのがコツです。はね上げキャットラインとも好相性なまつ毛。

01

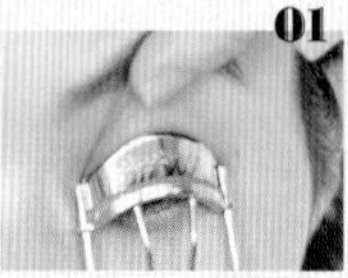

目尻側のまぶたを指で少し持ち上げながら、目尻側にビューラーをしっかりめにかけてまつ毛が横に流れるように。

02

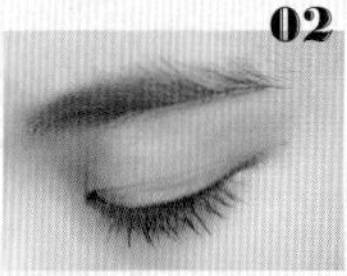

目尻側が重たく見えるとこんな印象。まつ毛を上向きにカールさせすぎなければクールな雰囲気にも。

Igari's Recommended

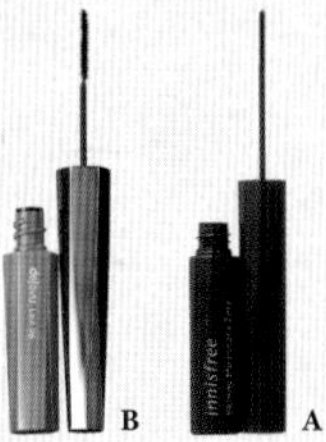

B A

A スキニー マイクロカラ ゼロ 01 ￥1200 ／イニスフリー **B** デジャヴュ ラッシュアップ E ブラック ￥1200 ／イミュ

丁寧につくり込んで瞳をきらめかせて

下まぶたにフォーカスしたアイメイクが最近のトレンド。上まぶたはすっぴんで、下まつ毛と下まぶただけにアイメイクするのもすごくかわいいのでオススメです。囲みシャドウメイクより簡単だし、一重さん、二重さんなど目の形も関係なし。下まぶたの状況って誰しもそう変わらないから。

下まぶたメイクに使ってほしいのは、キラキラきらめいた暖色系のアイカラー。目頭から目尻まで、まつ毛の間を埋めつつ少しはみ出すくらい太めにのせると、薄く仕上げたベースメイクにもぴったりハマるはず。

マスカラは上まつ毛と同様に、前に出すのか、横に流すのか、向きにこだわると目元の表情が変わります。下まつ毛には細ブラシタイプのマスカラが便利ですよ!

下まつ毛は細ブラシでスッと、下まぶたはラメでキラッと

まぶたのきらめきでさらに変わる

すっぴんまつ毛

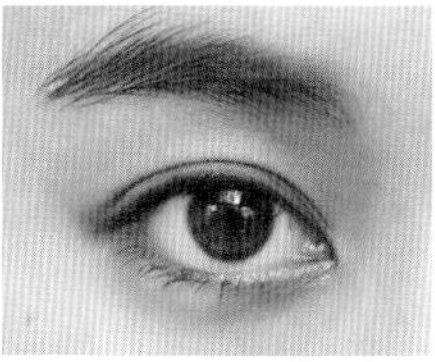

✶きらめきEYE✶

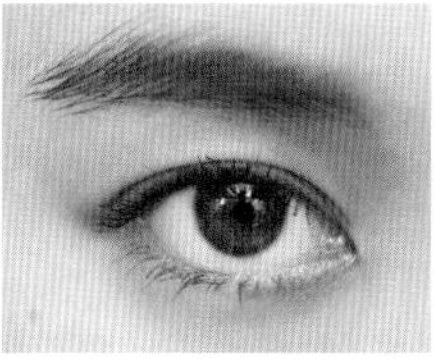

下まぶたにふわっと溶け込ませるように。

E　D　C

Igari's Recommended

Cマジョリカ マジョルカ シャドーカスタマイズ BR331 ¥500／資生堂　Dトーン タッチ アイズ 12 ¥3700／SUQQU　Eオンリーミネラル ミネラルピグメント カシス ¥1800／ヤーマン

夜の化粧が沈む問題

イガリ案

「夜でも輝きたいなら赤リップを活かして」

女子の悩み！

「顔とバランスのとれたリップメイクが知りたい」(26歳)。赤リップとのメイクアップバランス、難しすぎます！

01

唇の周りを整える

B のスティックファンデを **D** のブラシにとり、上下に動かすようにつけ、唇の周りの皮膚を綺麗に整える。

02

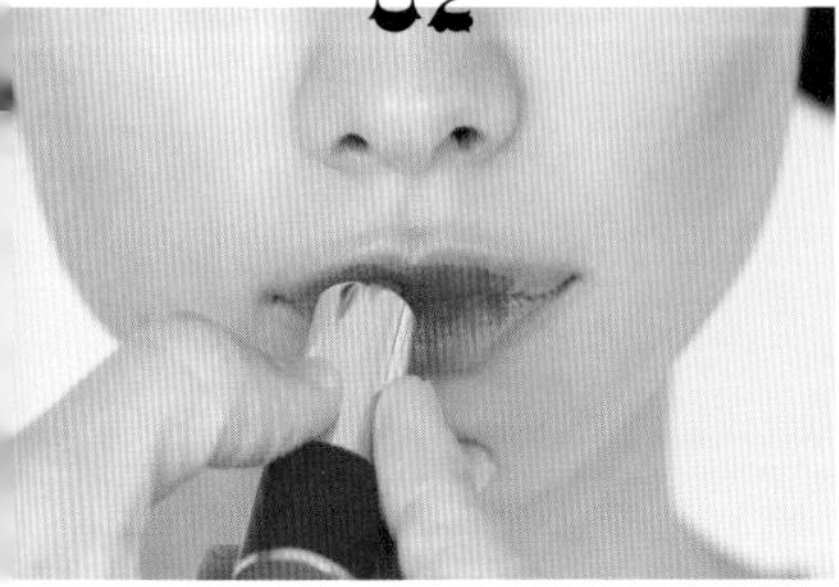

リップを真ん中にトントン

A のリップを唇の真ん中に直接トントンとスタンプを押すようにつける。あとで整えるからランダムで OK。

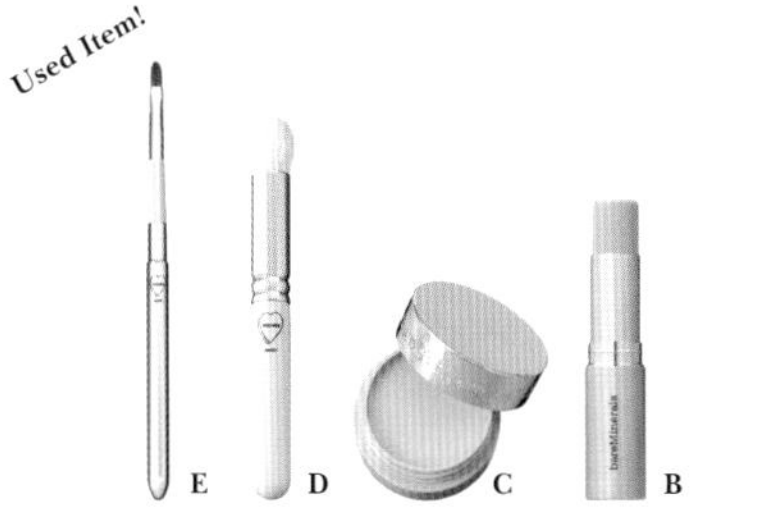

かっこいい。大人っぽくて芯がある、憧れる女性像だ……。仕事も恋愛もオタ活も、自分のペースをしっかり守って生きてそうな感じ。こういうメイクしたいな。

B CR ハイドレイティングファンデーション スティック ジンジャー 06 SPF25/PA+++ ¥4200 ／ベアミネラル　C エレガンス ハイドロチャージ リップバーム ¥4000 ／エレガンス コスメティックス　D フーミー メイクブラシ M 熊野筆 ¥2800、E 同 メイクブラシ S 熊野筆 ¥1800 ／ Clue

赤リップはいつだって女性に自信を与えるの

赤リップってつけるだけで圧倒的に美しくなれる色。そんなあなたが夜の街にいたら、みんな振り返っちゃうかもしれません。存在感たっぷりだから、**デカ顔を小さく見せたり、あごのラインをすっきり見せる**という嬉しい効果も♡

赤といってもいろんな赤がありますが、まず取り入れてほしいのが、**日本人の肌色にマッチしやすい少し黄みの入ったレッド**。質感はクリーミーなタイプかマットなタイプ、いずれにせよきっちり発色するタイプを。肌のくすみも晴れやかに飛ばしますよ～！

少し黄みを感じるこんな赤が本命。
A ラプソリュ ルージュ R 01 ¥4000 ／ランコム

03

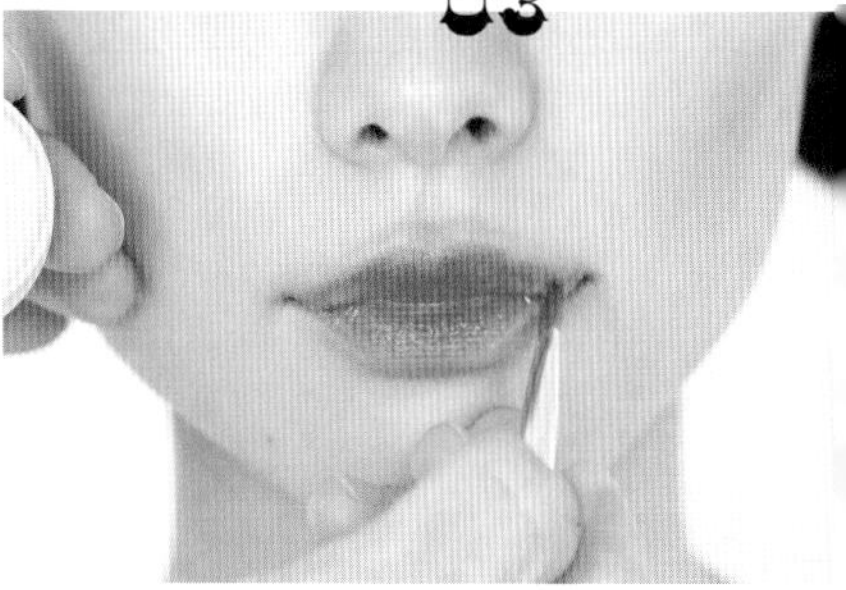

唇の輪郭を整える

C のリップバームを E のブラシにとり、02 で真ん中につけたリップを外側へのばしながら輪郭を整えて完成。

柿色シャドウとボリューム眉をプラスして印象ましまし♡

すっぴんでもハマるのが赤だけど、眉とシャドウでさらにおしゃ顔に！

\ 柿色シャドウ /

01

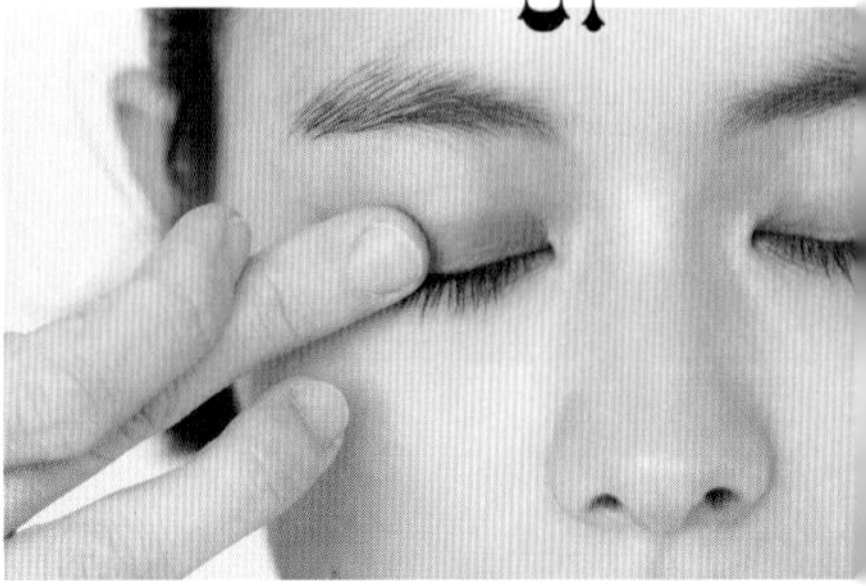

シャドウを指づけする

シャドウを指にとり、まぶたの中央からまぶた全体に広めにぼかし込むように ON。

トーン タッチ アイズ 11 ¥3700／SUQQU

02

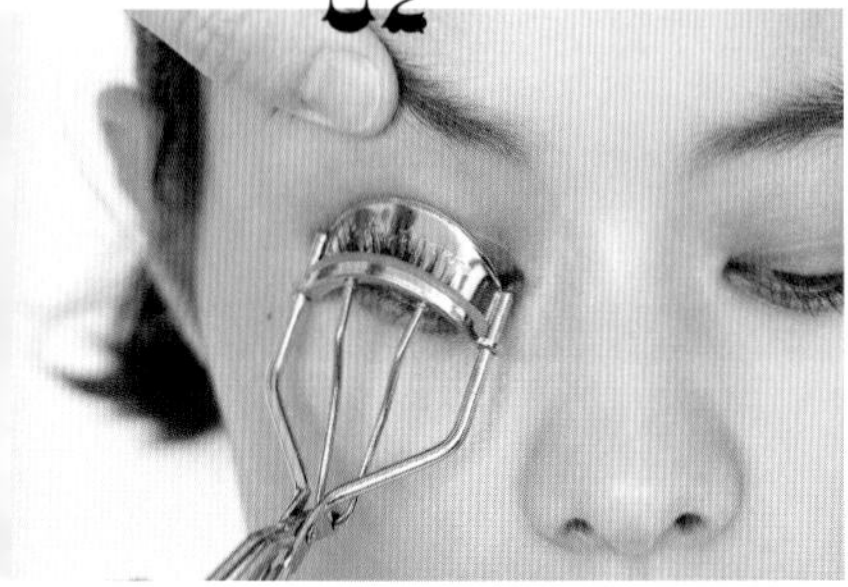

まつ毛をカールさせる

ビューラーでまつ毛の根元だけをカールさせる。マスカラレスで OK。これくらいのあっさりバランスが◎

オレンジみのあるレッド、名づけて"赤オレ"もオススメリップ♡

オレンジが混ざった太陽のようにポップな赤は一見派手に見えるけれど、つけるとしっかりハマる便利色。特にアラサーやアラフォー以上で、顔色が冴えないな～なんて思っている方、ぜひ使ってみて！ 顔全体がぱっと華やぎます。

A オンリーミネラル ミネラルカラーセラム 05 ¥2500／ヤーマン **B** ジルスチュアート リップブロッサム 60 ¥2800／ジルスチュアート ビューティ **C** フーミー リップスティック 血色レッド O.B ¥1500／Clue

ボリューム眉

01

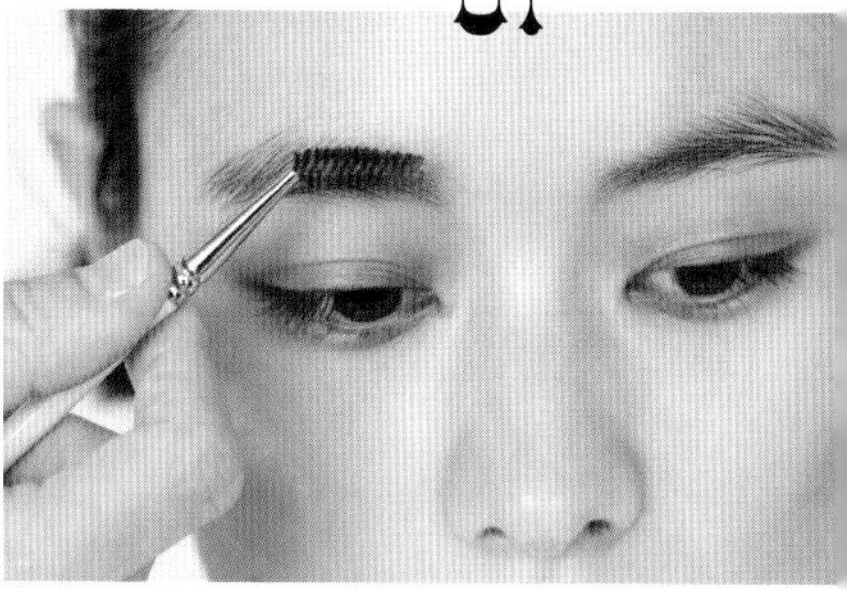

ブラシで眉を整える

スクリューブラシで眉尻から眉頭、眉頭から眉尻へ向かってとかしたあと、毛流れを綺麗に整えておく。

ディオール バックステージ ブロウ パレット 002 ¥4000／パルファン・クリスチャン・ディオール

02

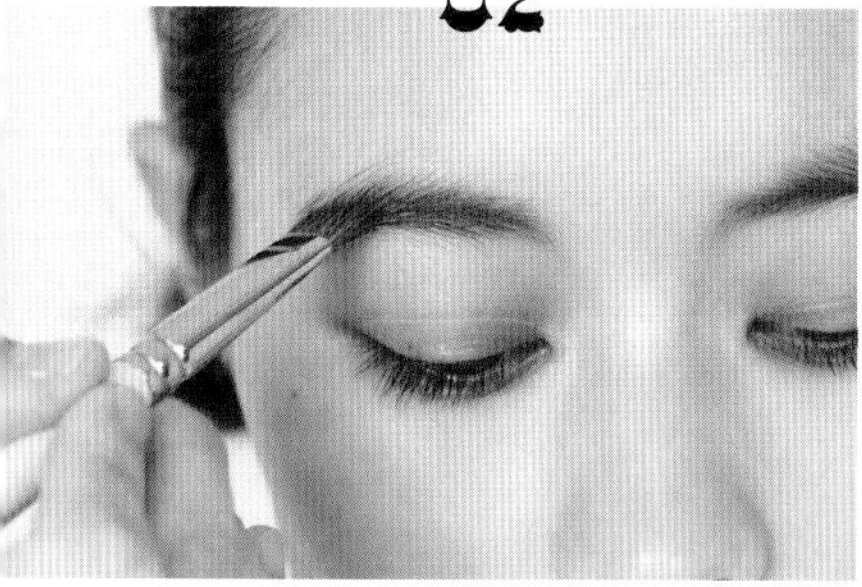

眉の上側をきちんと描く

中央の色メインでブラシにとり、眉全体を描きつつ、眉上側をきちんと描くようにすると赤リップにマッチ。

私たちが手放せない マイリップスティック

これ持ってないと不安になるまでになった……！　かるーいマットリップ（ひらりさ）

3CE ムードレシピ マットリップカラー HIT ME UP／私物

色味が最高にかわいくて、かわいらしい印象にしてくれる。それになにより、唇が荒れない！！！（19歳）

ディグニファイド リップス 09 ¥3200／セルヴォーク

発色が綺麗だし、マットめだから色が落ちづらい。イエベ秋の中でも、深みのある色が得意な人は絶対似合う色だと思う（26歳）

リップスティック チリ ¥3000／M・A・C

なんとも言えない塗り心地と仕事柄たくさんお客様と話しても乾燥しない保湿力！　ラメが入ってるけど目立ち過ぎず、程よい感じが私の心をつかんでます（22歳）

モイスチャー リッチ リップスティック 04 ¥5000／SUQQU

イガリ案

今、どうしたって

洒落《しゃれ》る色はこの3色だ!!

What's "MLBB"？

韓国で生まれたトレンド、MLBB。My Lips But Better の略で、自分の唇に近いけど、もっと綺麗な色的な意味。肌になじみつつリップを印象的に引き立てる、ピンクベージュやオレンジ系ベージュなどが一般的なカラー。

リップのベースにもなる便利色

MLBB的

ピンクやベージュ、オレンジ系の MLBB カラーは、それだけで使っても上品でお洒落《しゃれ》だけど、私の場合は赤リップなどのベースに仕込むのがお気に入り。リップのラインって人それぞれだけど、MLBB の段階で理想的なリップの形に仕上げておけば、より唇が映えるから！

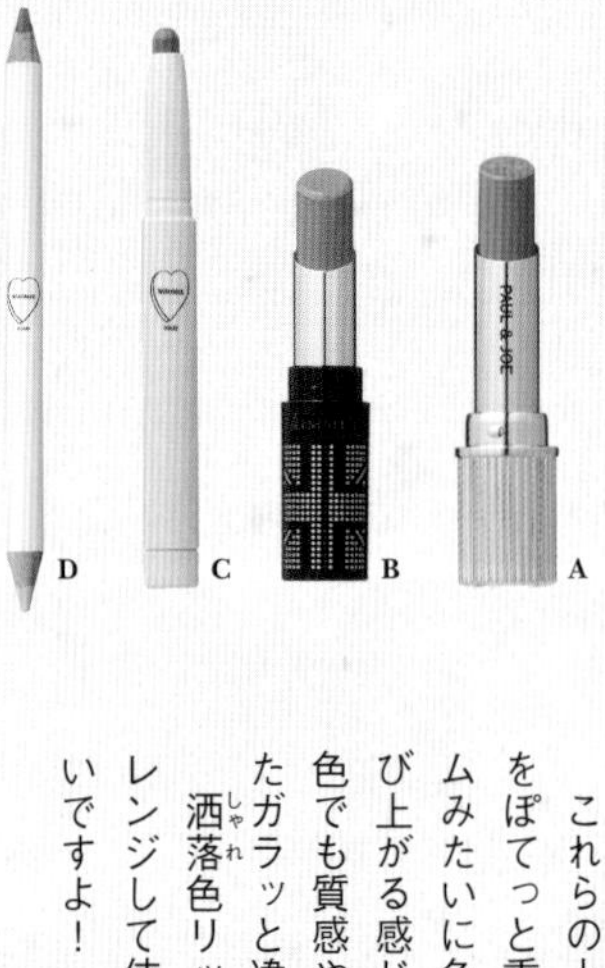

A ポール & ジョー リップスティック N 219（レフィル）¥2000、同 ケース N 02 ¥1000／ポール & ジョー ボーテ B ラスティングフィニッシュ クリーミィ リップ 016 ¥1300／リンメル C フーミー マットリップクレヨン X.S ¥1500、D 同 ダブルリップライナー ¥1500／Clue

“効かせ色”リップを堂々とつけようよ！

赤リップや赤オレリップと同様に、私が今とても気に入っている色はこの3色。今のトレンドのメイクバランスでいうとオレンジやプラムブラウンが圧倒的に使いやすいし、唇メイクを頑張る時代っていう意味では、MLBBカラーもハズせない。

これらの上にクリアなグロスをぽてっと重ねて、スノードームみたいに色がほわわんと浮かび上がる感じも好きだし、同じ色でも質感や透け感が違うとまたガラッと違う印象に。洒落《しゃれ》色リップを自分なりにアレンジして使ってみるのも楽しいですよ！

注目の洒落《しゃれ》色なら迷わずコレ

ORANGE

黄み系オレンジリップはここ1年くらいずっとマイブームの色。これまでのオレンジは日本人の肌色だと赤っぽく転んで見えちゃうことが多かったのですが、ここ数年のコスメの進化で見たままの綺麗色が発色するように。顔の中で圧倒的に飛び抜ける色だから断然洒落《しゃれ》るし、ラフな服にもマッチするところも好き！

E コンスピキュアス リップス 09 ¥4500／アンプリチュード **F** ルージュ アンリミテッド アンプリファイド マット AM OR 565 ¥3300／シュウ ウエムラ **G** NARS プレシジョンリップライナー 9077 ¥2700／NARS JAPAN

冴えた肌色に見せるいちじく色

PLUM BROWN

ブラウンのリップ、大ブームになりましたね！ これまでの日本人の感覚では考えられなかったことです。ブラウンよりこなれて見えてクリアな肌色に見せる色はズバリ、プラムがかったブラウン！ いちじくのように“熟したブラウン”なんて考えながら色選びすると失敗しませんよ〜。

H マシュマロルック　リップスティック 030 ¥1300／リンメル　**I** ドルチェ＆ガッバーナ ザ・オンリーワン ルミナスカラー リップスティック 320 ¥4400／ドルチェ＆ガッバーナ ビューティ　**J** ベターリップトーク BR403 ¥1300／エチュード

リップ映えにはケアも抜かりなく♥

リップメイク全盛の今だからこそ、素の唇も美しく保たなきゃね♡ リップクリームは当然マスト。私は肌に優しいタイプやオーガニックのタイプを長年愛用しています。マットなど落ちにくいリップを綺麗にオフするために、ポイントメイクリムーバーを使うのも大切。特にティントは落ちにくいから専用のリムーバーを投入すべし。

\ ティント リムーバー /　\ リップ クリーム /

1 リップカーム ラズベリー ¥1500／ジョンマスターオーガニック **2** キュレル リップケアクリーム（医薬部外品）¥850（編集部調べ）／花王　**3** リセット ティントリップ リムーバー 30ml ¥3200／シュウ ウエムラ

1300人にアンケートしました

私たちの

パーソナルカラー事情

パーソナルカラーの区分けはこんな感じ

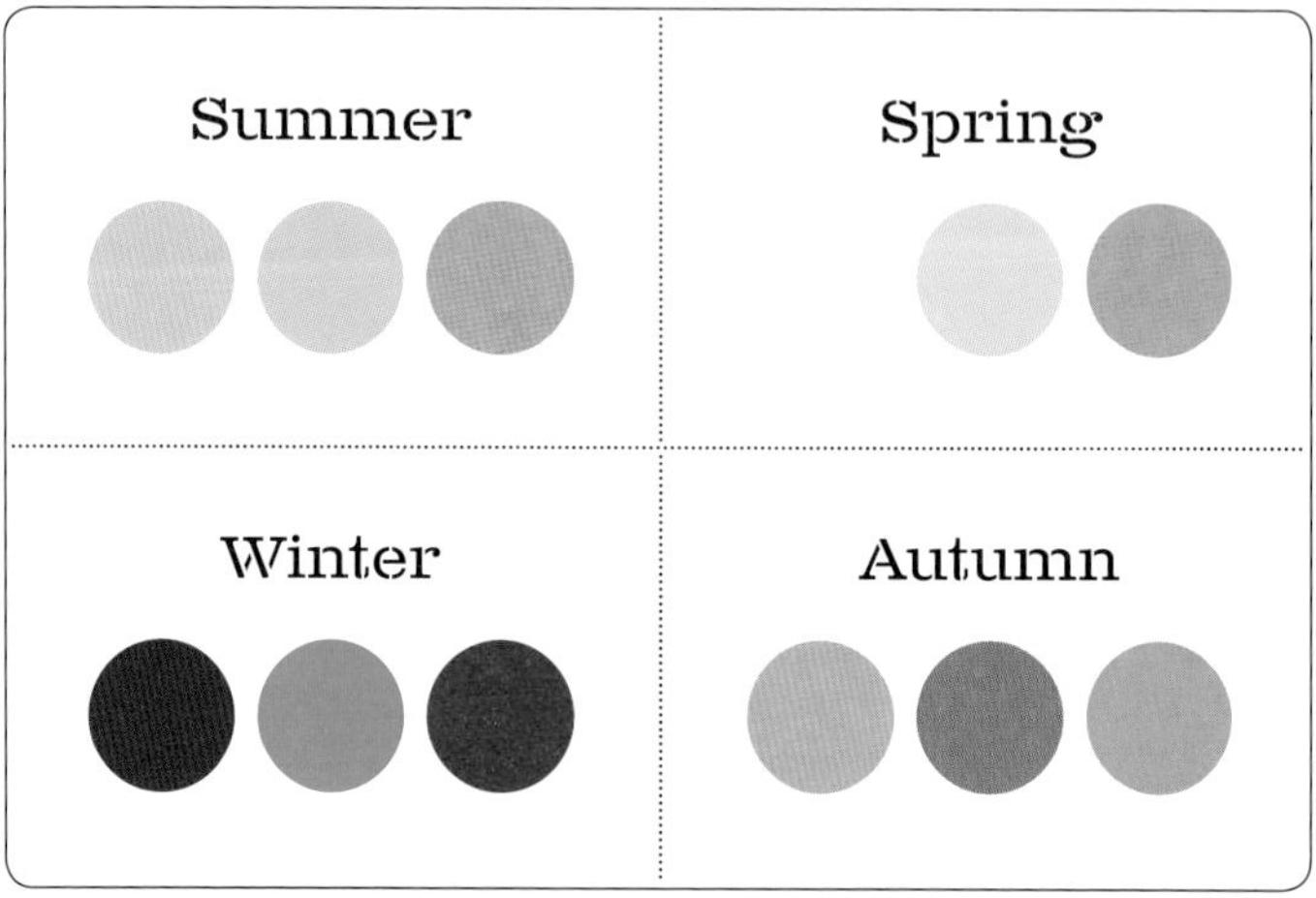

日本パーソナルファッションカラーリスト協会調べ

ここ数年、ＳＮＳや雑誌を賑わせている「パーソナルカラー」。メイクをする女子なら必ず目にしたことがあるのではないでしょうか？

パーソナルカラーとは、ずばり、「自分の個性を最大限に活かす色」のことで、４つのタイプに分けられます。スプリングとオータムは、どちらかというと黄みが強いイエローベース。サマーとウインターは、どちらかというと青みが強いブルーベースになります。

肌や瞳の色から自分に似合う色を診断するので、メイクやファッションにも活用できます。最近は、パーソナルカラー別の化粧品やカラーコンタクトも販売されています。

そんなパーソナルカラー、今を生きる女子たちはどのように向き合っているのか、実態調査しました。

メイクがさらに楽しくなる理由になる人が多い！

パーソナルカラー、かなり重要だと思います。学校の授業で教えてくれてもよいくらいです。確実に印象が変わります。似合う色に会えると綺麗に見える。自分に自信がつく。人に会うのが楽しくなる（40歳）

生涯付き合う自分という人間の個性、特性、伸びしろを知れるのなら最高だと思う（31歳）

診断ゲームとして楽しく遊んでいる。結果については参考程度にとどめている（25歳）

メイクやファッションにそこまで興味やこだわりがない人たちにとっては、効率的に最適解が導けるいい方程式だと思います。一部のコスメクラスタさんが「ブルベ冬こそ至高」のような（あるいはそう受け取られるような）発言をしていることについては、「これはただの方程式だよ！　それぞれのやり方で問題を解こう！」と突っ込みたくなることもあります（34歳）

診断を受けてみて自分を客観的に見ることができるようになり、コスメや洋服選びがより楽しく効率的になった（27歳）

パーソナルカラーにとらわれず、参考にする程度で。自分らしいメイクができたらいいなと思います（40歳）

「ちょっと疲れた」「とらわれすぎる」という声も…

理論としては面白いなと思います。ただしがっつりイエロー系、ブルー系と分かれてる人はいいですが、明るさや質感を重視するタイプは色をまたぐので、パーソナルカラーを絶対！　と思っている人は、より一層勉強が必要で疲れないかなと勝手に心配しています（30歳）

結果にとらわれすぎて、もともと好きだったものを諦めたり、身につけるものや手を出すジャンルが狭まりすぎたりするのはもったいないかなあと思うときはあります（35歳）

役に立つことはもちろんありますが、自分に合う合わないがはっきり出ることで、合うもの以外チャレンジしなくなるのはもったいない気がします（35歳）

イガリ案

「全員似合うピンクベースにアップデートしちゃいましょ！」

雌猫所感

大人になったら、若い頃にはなかった顔色の悪さが気になるように。大人だからこそ自然な血色のよさがかなり大事。「ピンクを目指せばいい」っていうのはわかりやすくてありがたい！

01

トーンアップを顔上半分に

Aのピンク系トーンアップベースをこめかみ、目の下、おでこにのせる。そのあと指で広げすぎない程度になじませる。

Before

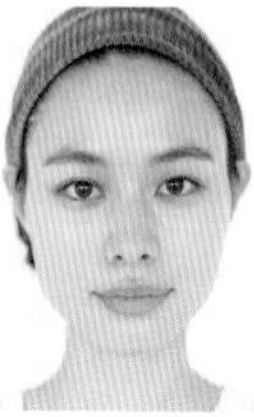

After

女子の悩み！

「顔はブルベだけど、首が割と黄色いので、色を合わせるのが難しい」(34歳)。パーソナルカラーは悩みを解決させる半面、新たな悩みが発生しちゃうことも。

02

ピンクのコントロールカラーを全体に

Bを手の平全体にのばして、顔全体にむにゅむにゅっとなじませていく。目の上は指先でなでる程度に。

03

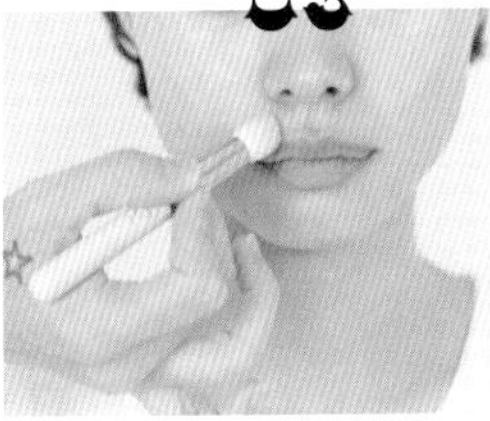

ピンク系のファンデをのせる

こめかみと目の真下は避けて、ブラシで**C**をなじませ、手の平で仕上げる。ブラシに残ったファンデは口まわりに。

04

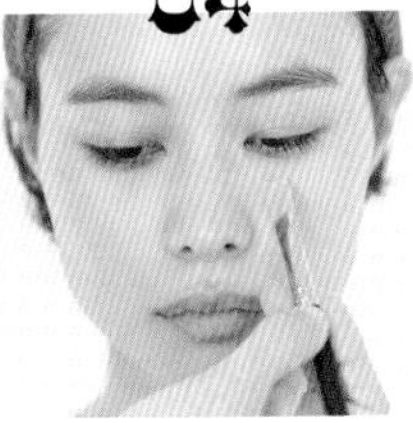

パウダーはハイライト的に

ピンクがかった**D**のパウダーを目のくぼみ、鼻の側面、おでこ、ほうれい線のつけ根から1cmだけにのせる。

色白見せ、透明感アップ…〝ピンベ〟っていいことずくめ！

肌のベースをピンクに寄せると、**パーソナルカラーに関係なく**、**透明感をまとう肌色**に近づくことができます。なぜなら、肌の白みが一番出てくる色はブルーでもイエローでもなく、ピンクだから。ブルー系ベースは肌疲れして見えるし、イエロー系ベースは黄み肌を助長させてしまう。だから絶対的に〝ピンベ〟がオススメなんです！

ピンクベースをつくるときは、トーンアップやコントロールカラーでピンク系に肌色を転ばせてから、ピンクがかったファンデをのせること。ここでフェイスラインにはのせずに**顔の中央メインでのせると、顔の輪郭がシェイドになって小顔効果**が生まれるし、顔だけ真っ白に浮くこともありません。ハイライトもピンク系でまとめることも大切です。今流行りの**くすみ系のアイカラーやリップを一番綺麗に映えさせる**色でもありますよ。

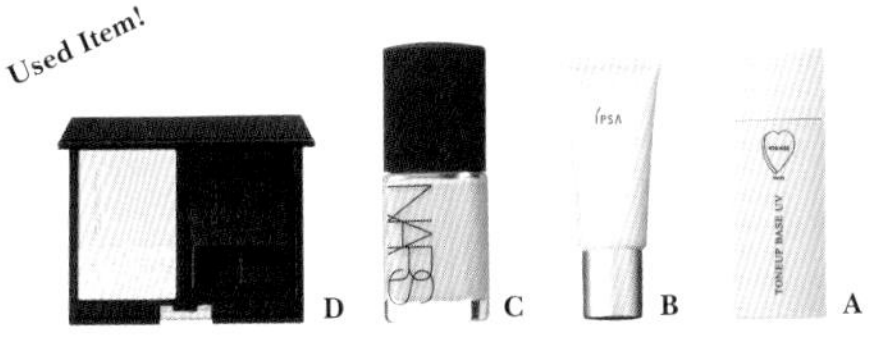

A フーミー　トーンアップベースUV SPF30/PA+++ 30g ¥2000／Clue　**B** コントロールベイス　（ピンク）SPF20/PA++ 20g ¥2800／イプサ　**C** NARS シアーグローファンデーション 4850 30ml ¥6000／NARS JAPAN　**D** リタッチ プレスト パウダー 02 ¥6500／SUQQU

1300人にアンケートしました

私たちが

一生愛する「垢抜け」コスメ［ベースメイク編］

メイクが好きな女子たちが肌身離さず使い続けたいコスメ。
そこには、1シーズンや1回きりで終わらない愛がありました。

お肌に優しく、
お顔に強く

 # MiMC
ミネラルリキッドリー
ファンデーション
全5色
SPF22/PA++ ¥5500、
同 ケース ¥1000／MIMC

休日の日のベースはいつもこれだけ。毎日メイクをするので、なるべくお肌に優しいミネラル化粧品を使っています。コンシーラーなしで、本当にこれ1つ。これだけで肌のアラを隠してツヤッとしたハリのある感じにしてくれる（22歳）

自己肯定感を
上げるファンデ

 # SUQQU
エクストラ リッチ グロウ
クリーム ファンデーション
全7色 30g SPF15/PA++
（004のみ SPF13/PA++）
¥10000／SUQQU

諭吉ファンデ。高いだけあって、仕上がりの綺麗さと夏でも崩れないことに感動しました。自分の顔を少し好きになれたコスメ（28歳）

 # マキアージュ
ドラマティック
スキンセンサーベース EX
25ml SPF25/PA+++ ¥2600
（編集部調べ）／マキアージュ

とにかくのびがよくてUV対策としても抜群でリーズナブルな下地。ずっとリピっている（ひらりさ）

 # イニスフリー
ノーセバム
ミネラルパウダー
¥750／イニスフリー

細かい粒子で嘘みたいにサラサラ肌になる！　前髪につけると、時間が経ってもぺしゃんこにならない◎（ユッケ）

NARS
ライトリフレクティング
セッティングパウダー
プレスト N
¥5000／NARS JAPAN

本当にヴェールをかけたみたいに肌が綺麗に見える。崩れない（27歳）

THREE
シマリング グロー デュオ 01
¥4500／THREE

ナチュラルなのにしっかりハイライト効果があり、肌なじみもよくて、持ち運びもしやすい（23歳）

セザンヌ
パールグロウハイライト 01
¥600／セザンヌ化粧品

自然にツヤ肌に見えてカワイイ（19歳）

ヴェールがかった
透明肌

肌が息を
はじめる

ザ セム
カバーパーフェクション
チップコンシーラー 1.25
ライトベージュ／私物

カバー力抜群でよれない。安くてコスパもいいし、ここまでカバー力があって、使いやすいコンシーラーにデパコスでも出合ったことがない（36歳）

M・A・C
ミネラライズ
スキンフィニッシュ
ライトスカペード
¥4200／M·A·C

肌が生きる。塗らないと肌が息をしない。使っても使ってもなかなか減らないところも好き（25歳）

◈ 1300人にアンケートしました ◈

私たちが

一生愛する「垢抜け」コスメ ［ポイントメイク編］

 # ディオール
ディオール アディクト リップ
マキシマイザー 001
¥3700／パルファン・クリスチャン・ディオール

とにかく場面を選ばず万能。単体でも唇が綺麗に見えるし、リップ下地的に使っても、リップの上からグロスとして使ってもいい。粘度も適度。（34歳）

 # クラランス コンフォート
リップオイル 01
¥3200／クラランス

唇がツヤツヤでキラキラ！これがないと顔色が悪く見えがち（?歳）

 # キャンメイク
パウダーチークス PW20
ロリポップピンク
¥550／井田ラボラトリーズ

これをチークの土台としてのせると、ほっぺがふっくらして明るくなるので、ずっとリピしてる（24歳）

 # ヒロインメイク
ロング＆カールマスカラ
アドバンストフィルム 02 ブラウン
¥1200／KISSME（伊勢半）

とにかくカールキープ力がすごくて、汗をかいても泣いてもずっとカールしてくれる（26歳）

 # オペラ リップティント
N 02 ピンク
¥1500／イミュ

全色好きだけど、顔色がぱっと明るくなって、かわいくなりすぎないピンクを一番よく使うかも
（もぐもぐ）

 # UZU
アイオープニングライナー
ネイビー ¥1500／
ウズ バイ フローフシ

涙にも汗にも動じない。これまでにそのような謳い文句の商品は多々試してきましたが、本当にここまで落ちないものは初めて（29歳）

トム フォード
アイ カラー クォード 3A
¥9200／トム フォード ビューティ

いろんなアイシャドウを使ってきたけど、これほど綺麗な濡れ感が出るアイシャドウはないと思う。色味も上品で、絶対ないとだめ（25歳）

ヴィセ リシェ アイブロウパウダー BR-3 ピンクブラウン
¥1100（編集部調べ）／コーセー

眉毛は濃いけど眉尻が少し薄くて、何も描かないとバランスが悪い。でも描くと濃い、というめんどくさい眉毛なんですが、この赤みがあるアイブロウパウダーだと、足しているのに濃くならない。むしろ抜け感が出る（16歳）

エクセル
スキニーリッチ
シャドウ　SR06
¥1500／常盤薬品工業

①プチプラ ②パレットひとつでアイメイクが完成する色構成 ③しっとりとしてのびのいい粉質。高級で、使うだけでテンションが上がる化粧品ももちろんいいですが、一生付き合っていけるお手頃さが大事（24歳）

アディクション
ザ アイシャドウ
Nostalgia、同 Londolozi、同 Mariage
￥各2,000／アディクション ビューティ

Nostalgiaは、これひとつでアンニュイからバッチリメイクまでいろいろな雰囲気がつくれる（29歳）

私だけの
年齢を楽しむ

あなたの人生でこの年齢を楽しめるのは正真正銘、一度だけ。このかけがえのない一瞬を活かした化粧ができたら、もっと〝今〟の年齢を楽しめると思いませんか？

第4幕

「年齢を重ねる」

全員が30代を迎えた劇団雌猫。20代のときと比べて、周りにも変化が出てくるお年頃。ただでさえ変化が多いこの時代に年齢を重ねていくこと、どう考える？ キーワードをもとに答えてもらいました。

1 年相応と向き合う。

もぐもぐ

あえて少し上の世代がターゲットの雑誌を読むと楽しい、と最近気づいた。そのときそのときの楽しみ方、装い方があるなってポジティブに捉えてる。

新陳代謝のスピードなど変わってくるので、スキンケアやベースメイクは選択が必要だなと感じる。でも、ポイントメイクに使うコスメに年齢を意識することはないな。常に自分が楽しくかわいく思えるかの感覚だけに頼っています！（かん）

30歳なりたてのとき、キラキラの若いメイクが似合わなくなったなーと思った。でも、常に自分より少しお姉さんの長澤まさみさんとか小嶋陽菜さんとかを見て「数年後このレベルまで持っていくぞ」とポジティブに気合を入れています（ユッケ）

年齢に応じて「似合うもの」は確かに変わってくるけど、世間一般の「○歳はコレ」という固定観念とは違うもの。「○歳の自分が今選ぶと気分が上がるもの」に向き合っていくことこそが本当の歳相応なのでは？と考えはじめた（ひらりさ）

2 トレンドと向き合う。

技術の進歩で、今までになかった化粧品のトレンドを見るのはすごく楽しい！　ティントやクッションファンデを初めて見たときは超感動した。でも、自分が使うかどうかは全然別で考えています。自分の肌に合わないものもあるので……！（かん）

最近は、トレンドがあることはなんとなく頭においたうえで、「自分がやりたいスタイル」がわかるようになってきたかな、と思う。自分のスタイルを知るうえでの鏡、のような気持ちで向き合ってます。どうせすぐ変わるし！（笑）（ひらりさ）

私は無理に乗ろうとしない派。似合わないマットリップが流行ってる時期は「早く終わらないかな」と耐えていた（笑）。 トレンドは変わっていくので、振り回されすぎないで自分が使えるときだけつまむ、くらいでいいかな（もぐもぐ）

ユッケ

私もトレンドは追いたいから、自分より下から上の広い世代のファッション誌を読んで「各年代、このトレンドはどう活かしてるんだろう？」って研究してる。それで、自分がいいなと思ったものだけピックアップして使う感じがいいのかな。

3 エイジングケアと向き合う。

年中の紫外線ケアが必要と聞き、30歳になってから真面目に取り組み始めた。将来の自分のためにやっておいてやるかと。将来の自分は「別に気にしなくていいよそんなもん」と言ってくれる可能性はあるけど、わかんないので！（笑）（かん）

30代になって猛烈にたるんできたことを実感！　スキンケアも大事だけど、表情の下は筋肉だから、筋トレが大事なんじゃないかと……。って偉そうなこと言えるほど実行できていないけど、家でできる顔トレとかから頑張りたい（ユッケ）

30歳で突然肌が乾燥するようになって「これか!!」って。美容液とかアイクリームとか、今まであまり目を向けてなかったものを調べるのは結構楽しい。あんまり脅迫観念に押しつぶされずに、楽しく付き合っていけたらいいな……（もぐもぐ）

ひらりさ

ケアを理由に、多様なコスメやスキンケアに出会えるという楽しさゆえに、アイテムを買ってる気がする。私はもっと効果を検証したほうがいいかもしれないけど（笑）。自分の顔やメイクとの新しい向き合い方を実現できるチャンスと捉えてる。

4 老化と向き合う。

かん

母に「シミを隠すために無理に厚塗りにする必要はないんじゃないの？ 思ってるより肌綺麗だよ」って話したところ、あらためてスキンケアにハマったようで、昔より肌質改善していた！ 歳をとってからでも、自信を持つことで昔より綺麗になれるんだとしたらすごい素敵なことだな～と思った。

若作りはそんなに必要ないと思っているけど、将来は年齢不詳になっていきたい（笑）。「そういわれたら○歳に見えるけど、生き生きしてるね～」みたいな。そのためにどうしたらいいのかはまだ分からないけど。やっぱり筋トレかな……（ユッケ）

適度な運動やバランスのとれた食生活など、心身の全般的な老いに効くことは、見た目の老いにも効果があると思う。見た目よりも自分の心身全体とどう付き合っていくか、をもっと考えるほうがいいのかな。（ひらりさ）

「若作りしたくない」はすごくわかる！　具体的にこうなりたいっていうのは現状ないけど、例えば60～70代くらいの女性たちって今すごく元気でお洒落だし、年上の真似したい素敵な先輩たちを見つけていけるといいな～（もぐもぐ）

1300人にアンケートしました

リアルな女子のホントのところ

30代

かわいすぎるメイクをしなくなりました。だからといって肌の悩みも年々増えるので、老けて見えないメイクを模索中。昔に比べると純粋にメイクを楽しめなくなりました

37歳

メイクが古くなっていないか。なるべく定期的にアイテムを入れ替えるようにしている

37歳

アイメイクの濃さ。肌の衰え。隠したいところが増えた

38歳

20代

どちらかというとメイク時に気になるようになったことですが、シミが増えた!!　目元の小ジワが気になる!! 紫外線対策とシワ保湿によりいっそう励みます

25歳

シミが気になるようになりました。コンシーラーを使うようにしています

27歳

清楚だけど目立つメイクはどうしたらいいのかということを考えるようになりました

25歳

日焼けには気をつけるようになった

22歳

年齢を重ねて変化したことは？　また、よかったことは？
アンケートに回答していただいた20代〜50代の女子に
「ホントのところ」を聞いてみました。

50代

肝斑《かんぱん》が気になっていたが、ビタミンCをやみくもに摂取して緩和された気がする

52歳

アイラインは45歳まで引いていませんでしたが、アイラインを引くことで疲れて見えなくなりました

50歳

ファンデーションを塗りたくり、シミを隠すことで一生懸命でしたが、イガリ先生の動画で勉強させていただき、下地、リキッド、トーンアップ、ハイライトの使い方次第でシミもニキビ跡も、気にならない肌に仕上がっていると実感しております

50歳

40代

清潔感を失わないよう心がけるようになった。以前よりは、お肌がくすまなくなった

49歳

パテ系の下地で毛穴と小ジワが埋まって目立たなくなった

46歳

たれ目メイクが簡単にできるようになってる

44歳

アイブロウに気を使うようになりました。より自然に、でも色気も兼ねたい

46歳

シワ！ハリのなさ！肌の凹凸！！目の周りのシミ、眼瞼下垂《がんけんかすい》（涙）

47歳

イガリ案

「老け見えのさじ加減は光で調節してね」

年齢を重ねることは自然で美しいことだけれど、もしかしたらメイクで隠そうとすることで逆に損していることがあるかも？ シミ、シワ、クマなど、老け見えの原因はたくさん。あなたは大丈夫？

女子の悩み！

「ナチュラルメイクが難しくなった。シミとかコンプレックスをナチュラルにカバーするのが難しい。ナチュラルにすると逆に老けて見える」（32歳）。濃くても薄くても老けて見えるなんて、どうしたらいいの!!

イガリ的チェックポイント

✓ 隠すんじゃなくて**光を与える**

シミや毛穴や肌の色ムラなど、コンシーラーで隠そうとすると肌が厚く、沈んで見えてしまいます。だったら無理に隠すんじゃなく、光を与え、色味をごまかす作戦がいい！ **C**のような筆ペンタイプならポイントにも広範囲にも使えて簡単だし、補正しつつ光をまとったような肌に。ピンクみのある**A**や**B**もくすみを飛ばすのに便利です。

✓ パウダリーファンデだけで**ベースを終わらせない**

パウダリーだけで仕上げると砂場の砂と一緒で、最初は水分を感じても時間がたつと乾燥したり毛穴落ちしたり。BBも1本だけじゃだめ。下にコントロールカラーやトーンアップを仕込むことで崩れにくくなります。ベースメイクは塗り絵じゃなくて重ね技だから、1つだけで済ませないこと。仕上がった肌がサラサラで心地よいのは一瞬だけです。大人の肌は「ねっとり密着」が好相性です。

✓ シワを横切るように**クロスしてつけない**

ファンデもシャドウでもなんでもそうですが、シワを横切るようにクロスしてつけると、かえって目立ちます。だからなんでも一気にざっくり引っ張り塗りするんじゃなくて、指先や小さなブラシを使って1cm刻みくらいで向きを変えながら繊細になじませるのが大切。こうすると顔にムラがなくなって美肌に見えるだけじゃなく端正な肌感になり、崩れにくくなる効果も。

✓ 顔は**目尻の内側**まで

ファンデを塗るとき、顔の隅々まで塗っていませんか？ こうすると自ら「ここからここまでが立派な顔です！」と公言しているも同然。顔の横幅は眉尻の内側まで、縦幅は眉毛の少し上から下唇の下まで。それ以外は余白とみなし、手を加えないこと！ この枠内のみ綺麗に仕上がっていれば行き届いた肌に見えます。日焼け止めは全部に塗ってOKですが、それ以外は外側へ向かって徐々にぼかすように。自然と肌トーンが落ちてシェイドの役目を果たします。

✓ **耳に飾りをつけて**華やかに

大人の肌を華やかに見せるためには、耳飾りの力も借りればパーフェクト。小さなピアスじゃなく、たれていたり、大ぶりだったり、少し豪華なものがオススメです。疲れている日はイヤカフでもOK。顔まわりが華やかになると自然と顔も晴れ晴れ見えます。リボンの髪飾りやアンティーク調の耳飾り＋赤リップは、やりすぎっぽく見えちゃうので注意して。

老け見えの落とし穴

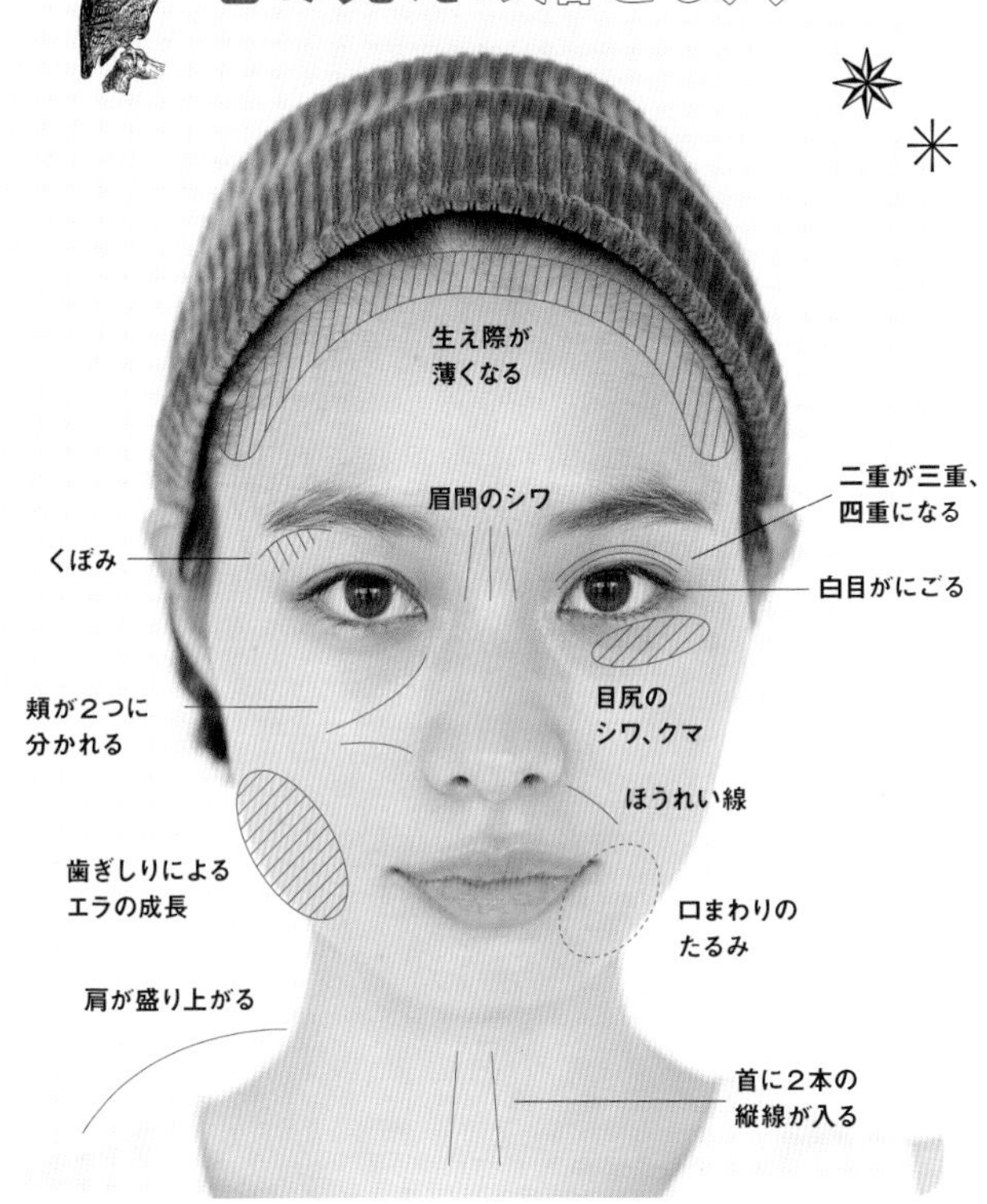

年齢を重ねることでシワが増えたり、たるんだりっていうのは仕方がないこと。だけどそこで隠すんじゃなく、さらにメイクや美容を楽しむいいチャンス！　素晴らしいコスメの力を借りつつ、少しの工夫で女性はぐっと自信がつくだろうし、それを楽しむことができるようになるはず。あとは飛び切りの笑顔さえあればALL OK!

Igari's Recommended

脱・老け見え！の
救世主アイテム

HIKARI TOBASHI　KUSUMI CONTROL

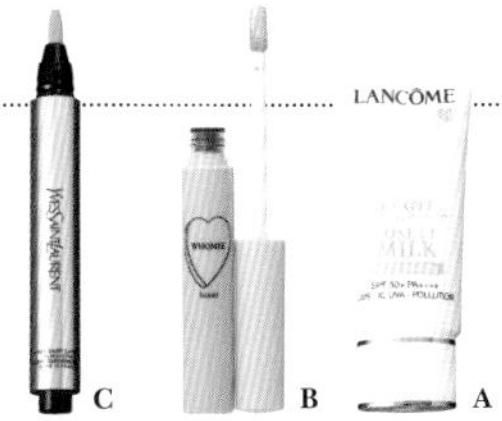

A UV エクスペール トーン アップ ローズ SPF50+/PA++++ 30ml ¥5800／ランコム　**B** フーミー コンシーラー ピンクベージュ ¥2000／Clue　**C** ラディアント タッチ 1 ¥5000／イヴ・サンローラン・ボーテ

1300人にアンケートしました

メイクなおし、どうしてる？

Q メイクなおしはどこでしている？

A 圧倒的なトイレ派率。

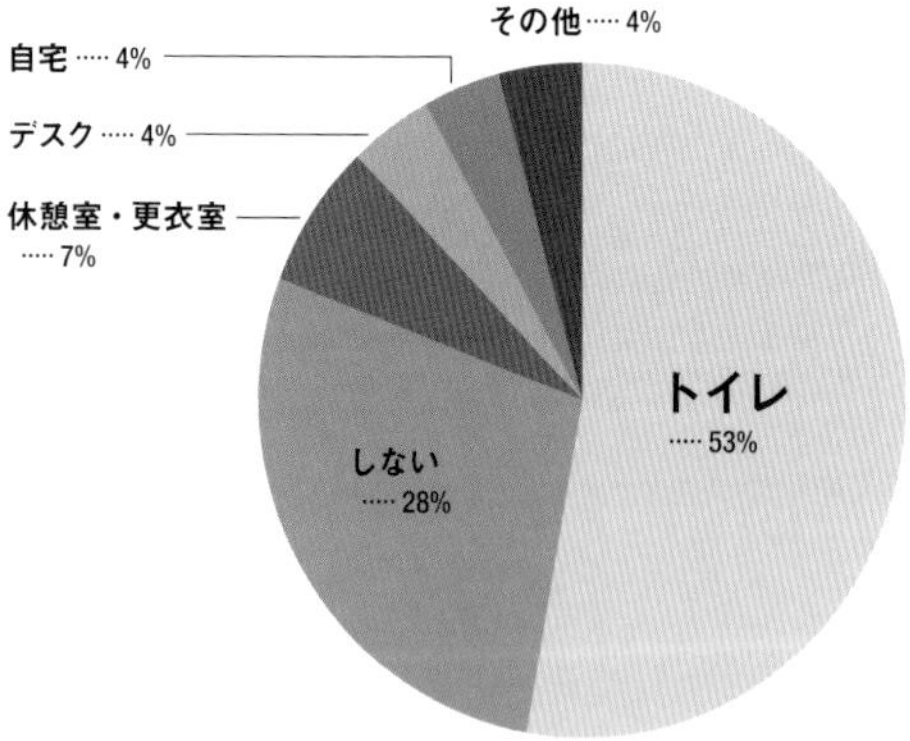

しない派

タオル地のハンカチで汗を軽く押さえるぐらい（28歳）

産後はほぼなし。買い物のときは1人でトイレに入れたらリップを塗るだけ（38歳）

トイレ派

トイレの個室でティッシュオフのみ（36歳）

休みの日は、出先のトイレや車の中で直す（34歳）

気づいたときにトイレでリップをさっと塗り直すくらい（25歳）

メイクをする女子全員が共有する恐怖、「メイク崩れ」。学生でも、主婦でも、バリバリ働く人でも変わりません。正直どうしてるのかリサーチしてみました。

Q どれぐらいの頻度でなおしてる？

A 食事後にちょちょっと。

休日はメイク直しはほぼしなくて済むのですが、会社ではなぜかとても崩れるのでトイレごとに（26歳）

食事のあとなど、リップが落ちたなぁと思ったとき。トイレに行ったときなどにひと塗り。仕事が終わって、次の用事がある前など（27歳）

12時間出かけたとしても1、2回くらいのみ（24歳）

職場の休憩室で。休みの日は一人ならしませんし、誰かと出かけていたら時間かかりすぎてもと思い、お手洗いついでにテカってるな〜というときだけお粉してます（34歳）

リップをお手洗いに行くごとにつけ直す（15歳）

仕事のときは休憩時間の1回のみ5〜10分くらい。休みの日はその都度気になったら簡単に直すので、1〜5分くらいと様々（34歳）

昼休みにミストやバームで保湿をします（25歳）

なる ときに 気になる ところだけ!

唇のしぼみ

が気になる!

唇は乾燥したり荒れていたりすると、とても目立つ場所。長時間つけ続けたリップもガサガサと残ってしまいがち。そういうときは少しリッチなリップ美容液の出番。たっぷり唇にのせて潤わせたあと、少し時間をおいてから口紅を。

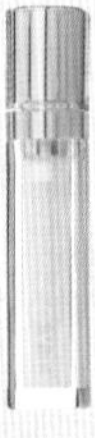

ラシャスリップス 322 ¥7500 ／あおいクリニック銀座

口まわりの毛穴

が気になる!

年齢を重ねるほど、口まわりの毛穴が悪目立ちしてきます。特に午後の肌に顕著に現れる! そんな毛穴は、埋めるタイプのプライマーを指で薄くなじませたあと、ブラシで薄く薄くファンデを重ねてみて。

インスタント マット プライマー 20g ¥3500 ／クラランス

日焼け

が気になる!

みずみずしい水分をたっぷり含んだクッションタイプの日焼け止めをおでこや頬にポンポンと重ね塗り。クリーム状のものは油分が多く、つけ足すとよれてしまいがちなのはもちろん、くすんでしまう可能性があるからです。

フーミー クッションUVパクト SPF50+/PA++++ ¥2300 ／ Clue

イガリ案

メイクなおしは気に

＼よゆ～な朝にひと手間で／

肌の機嫌をアップして

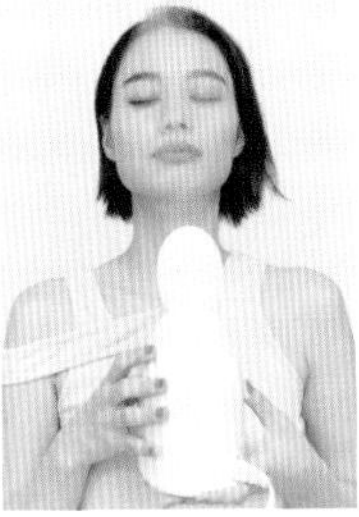

朝は忙しいものですが、スキンケアがきっちりできていると、日中の肌は圧倒的に崩れにくく。そこで絶対的にオススメなのが、スチーマーを浴びながらスキンケアをすること！ 肌の巡りがよくなってふっくら。血行も高まりメイクのりもよくなります。

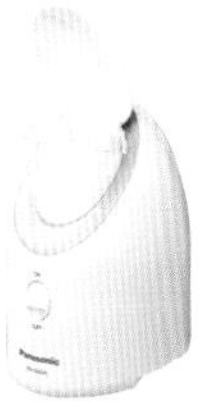

スチーマー ナノケア／コンパクト EH-SA3A（オープン価格）／パナソニック

肌の乾燥

が気になる！

日中の乾燥防止のミストもいいけれど、オイルのほうが潤い長持ち♡ 美容オイルを手の平全体に薄くのばし、肌に優しく押し込みつけすると肌の活力がUP。メイクがよれてしまったら、上から少し足してください。

EX オイルセラム 15ml ¥7000／SHIGETA

肌の皮脂・テカリ

が気になる！

清潔感を欠いてしまうテカった肌は一刻も早くお直しを！ ティッシュで軽く押さえたあと、**B**の透明パウダーを**C**のような扇型ブラシにとり、さーっとなでるように。**A**のあぶらとり専用コスメも便利ですよ。

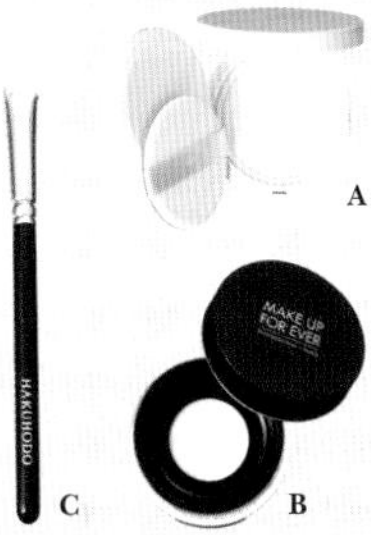

Aフジコ あぶらとりウォーターパウダー ¥1800／かならぼ　**B**ウルトラHD ルースパウダー ¥4500／メイクアップフォーエバー　**C**化粧筆 F7524 扇段扇形（段差3mm）¥1900／白鳳堂

イガリ案

「イガリの時短は〝映え時短〟だよ」

時間がなくても映える自分メイクを見つけて

「時短メイク」って言葉をよく耳にしますが、私はその言葉にちょっとハテナ。焦ってやったメイクが綺麗に仕上がるわけがないし、**丁寧にやってこそメイクは活きるもの**だと思うから。だけどどうしても時間がない朝ってありますよね。私も経験があります。

そこでオススメなのが、**いろいろやらずとも映える自分のメイクパターン**を知っておくこと。アイメイクする余裕がないならリップメイクとメガネとデカピアスだけでOK。メイクするときの力の入れ具合は**肌38%、眉30%、リップ30%で、残り2%が目**って感じのバランスがいいかも。前日の夜の仕込みに手をかけておくのも、朝のメイクをぱぱっと綺麗に仕上げるのに役立ちます。

ここでは、時短で映える、「イガリ的時短メイク」をご紹介しますね。

女子の悩み！

「子育て中でとにかく時短で綺麗にしたい」（31歳）。とにかく私たち、時間がなくてもキマるメイクが知りたいんです。

＼事前の準備／

スキンケア 01

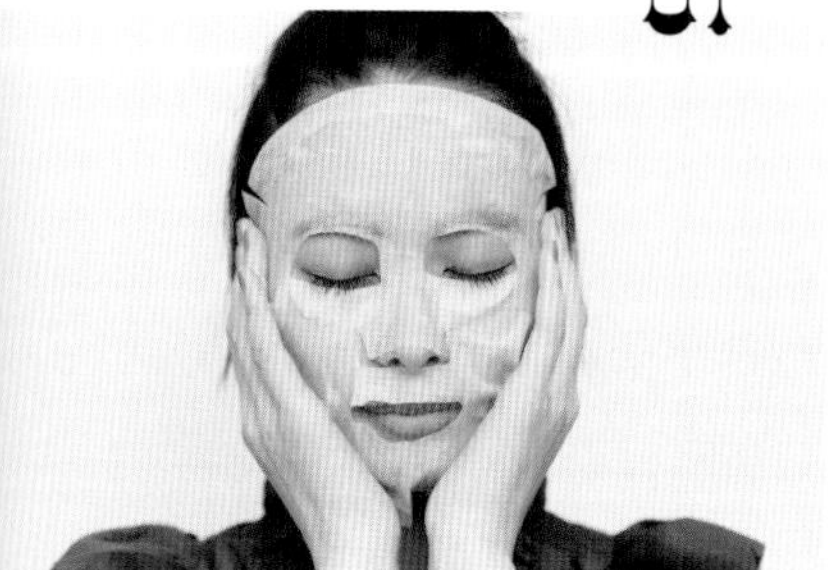

シートマスクを10分くらい

Aの化粧水タイプのシートマスクをつける。このまま朝の準備をしたり、身支度を整えたり、ながら美容を。

Used Item!

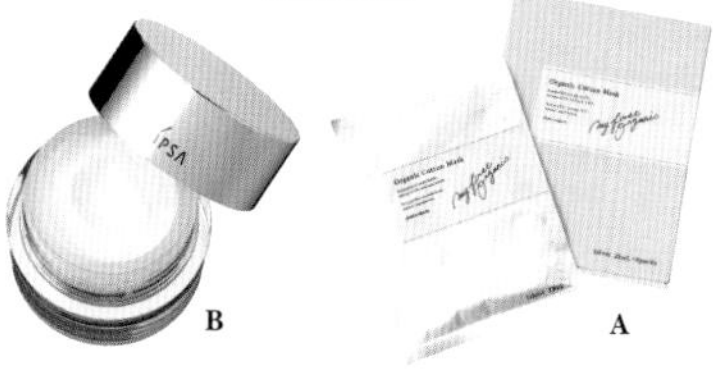

A チャントアチャーム オーガニックコットンマスク 4枚入り（23ml／枚）¥2200／ネイチャーズウェイ　B ターゲットエフェクト S 30g ¥9000／イプサ

＼事前の準備／

マッサージ

01

凝り固まった頭をほぐす

手をグーにして、関節で頭全体をぐりぐり刺激。こめかみも軽くほぐして。こうすると血の巡りが圧倒的によくなります。

02

温タオルを首に当てる

温めたタオルを首と耳に当てると、顔色がぐんとクリアに。血の巡りがさらに高まって、思考もクリアになりますよ♡

02

首にもシートマスクを

顔のシートマスクが終わったら、折りたたんで首につけたままメイクを始めると、首も保湿できちゃうね！

03

ムギュ〜っとマッサージ

B を手の平全体になじませたあと、顔のお肉を中央に寄せるようにマッサージ。肌感もふっくらします。

Used Item!

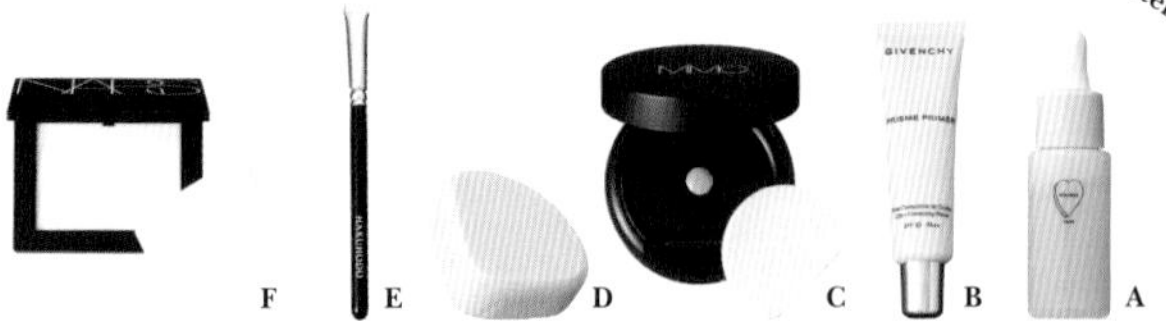

F E D C B A

メイク開始

01

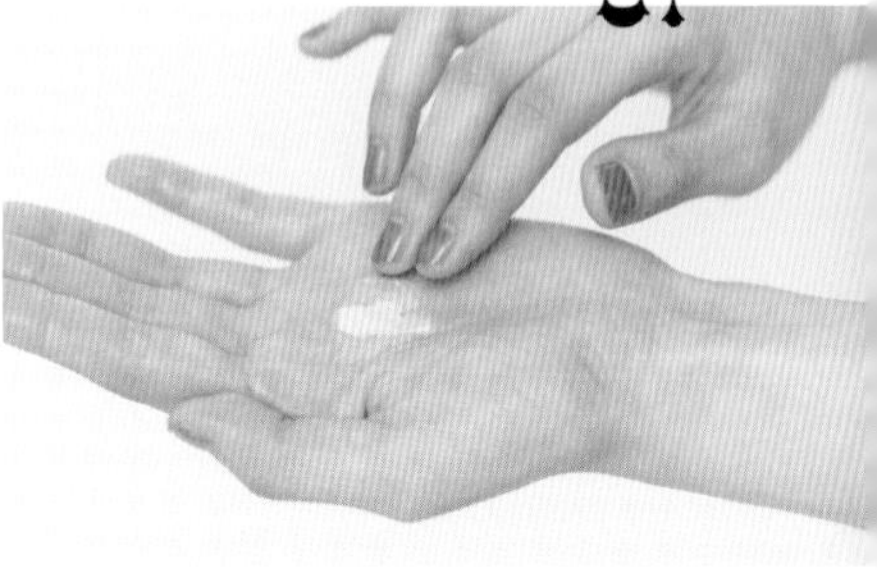

オイルとコントロールカラーをMIX

A の美容オイルを２プッシュと、**B** を手の平に出し混ぜて使用。両方の手の平の指先までなじませるようにのばしておく。

02

オイルとコントロールカラーを一気づけ

01 の手の平で押さえ込むように顔全体につける。手の平でスタンプのように一気に塗れるから時間を節約できるはず♪

05

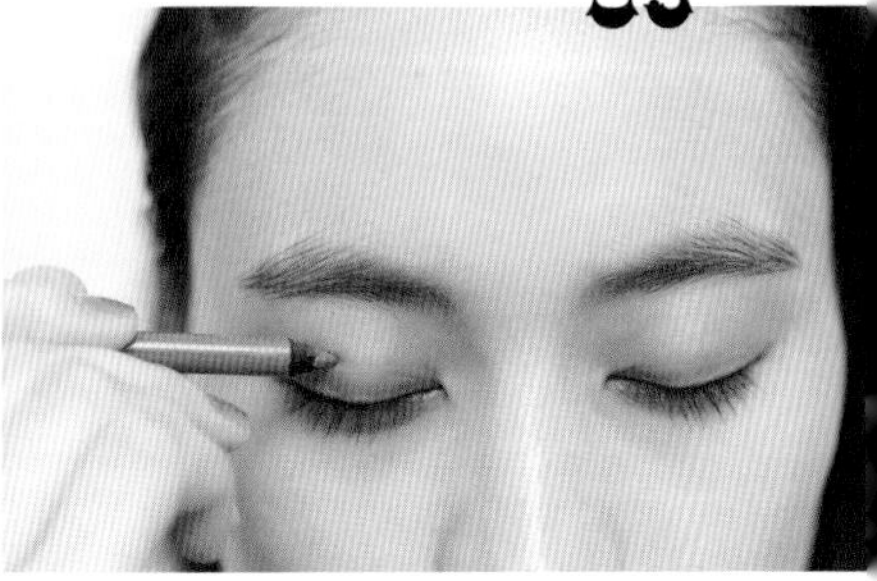

シャドウはペンシルタイプ

マルチコスメの **G** を上まぶたに使用。まぶた全体にざっくり色づけるようにのせて、指先でアイホールになじませ。

06

上からさらにピンクを ON

H をさらにまぶたに重ねて。単色使いしないところがイガリ時短のこだわり。指先で塗れるから簡単なはず。

A フーミー　オイル美容液（医薬部外品）20ml ¥2800、**H** 同　クリーミーアイシャドウ flesh pink ¥1300、**I** 同　マットリップクレヨン L.L ¥1500 ／ Clue　**B** プリズム·プライマー 03 SPF20/PA++ 30ml ¥5900 ／パルファム　ジバンシイ　**C** MiMC ミネラルリキッドリーファンデーション リフィル 102 SPF22/PA++ ¥5500、同 ケース ¥1000 ／ MIMC　**D** メイクアップスポンジ２個組（専用ケース付）¥800 ／ Koh Gen Do　**E** 化粧筆 F7524 扇段扇形（段差 3mm）¥1900 ／白鳳堂　**F** NARS ライトリフレクティングセッティングパウダー　プレスト N ¥5000 ／ NARS JAPAN　**G** ヴィセ アヴァンリップ＆アイカラー ペンシル 010 ¥1200（編集部調べ）／コーセー

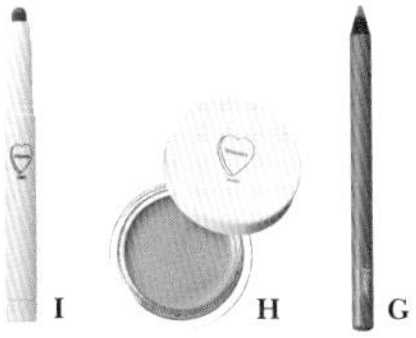

03

ファンデはスポンジで

C をおでこ、両頬、あごと鼻に少しのせ、**D** のようなスポンジで叩き込むように顔の中央メインで広げ、手の平で押さえ込み。

04

パウダーは扇型ブラシで

F を **E** のブラシに軽くとり、おでこ、両頬、こめかみに。均一にふぁさ〜っとつくのがこのブラシのいいところ。

07

リップもペンシルタイプで

G はリップにも使用。唇全体に塗りつつ輪郭を整えておく。ぴたっと密着して落ちにくいのも魅力。

08

さらにリップを重ねる

I のリップを同じように重ねて。唇に程よい厚みが生まれ、曖昧な発色の洒落《しゃれ》カラーに。肌の血色も高める色。

最後の仕上げ

01

ヘアオイルをつけて結ぶ

A や **B** のヘアオイルを髪全体になじませて、後ろで髪をまとめる。生え際がもさもさ〜っとならないように気をつけて。

02

メガネとピアスを投入

大ぶりなピアスとメガネを装着して顔の一部に。もしかしたらメイクが物足りない？ っていうときもごまかし可能。

前日夜の仕込みアイテム♥

★Igari's★ Recommended

4　3　2　1

朝のケアやメイクを手早く、そして簡単に綺麗に仕上げるために、前日の夜の仕込みが重要。まずは入浴剤を入れたお風呂でしっかり温まって、その日の疲れをリセットすること。肌の弱い私でも使える **1** は保湿力も高くて大好き。質の良い睡眠を取るためにベッドに入る前には **2** のような癒やし系の香りをまとってリラックス。寝ている間に目をケアする **3** の目薬もオススメですよ〜。毎日 **4** を飲んでインナーからケアしつつ栄養補給。健康アイテムは積極的に取り入れる！

1 キュレル 入浴剤（医薬部外品）420ml ¥1000（編集部調べ）／花王　**2** Blessings of Gaia Spray 富士山 <火・う> 50ml ¥3150／コスメキッチン（限定品）　**3** サンテ ボーティエ ムーンケア（第二類医薬品）¥1500／参天製薬　**4** 酵素分解ローヤルゼリー 王乳の華 100 粒入 ¥10286／山田養蜂場

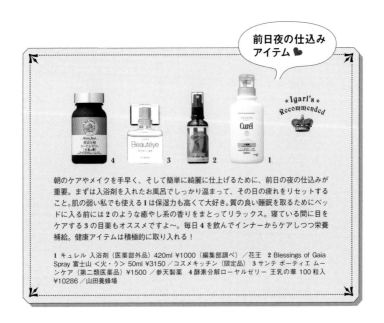

Used Item!

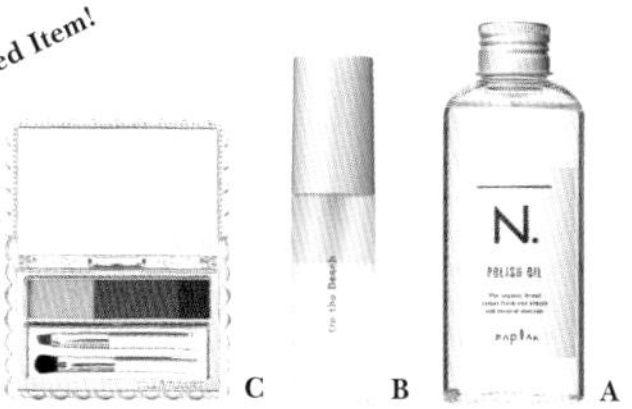

A N. ポリッシュオイル 150ml（美容室専売品）¥3400／ナプラ　**B** ウカヘアオイルミスト オンザビーチ 50ml ¥3500／uka Tokyo head office　**C** ジルスチュアート　ブロウ&ノーズシャドウ パウダー 03 ¥3200／ジルスチュアート　ビューティ

眉を描いて完成

メガネもピアスもつけ終わったところで **C** で眉を描いて完成！ 最後までバランスをとり続けるのがイガリのこだわり。

雌猫所感

似合うメガネと大きいピアスだけで、こんなに「時間ない」感がなくなるなんて……！　かなりちゃんとして見えるね。普段から、赤いリップを一緒にバッグに入れておく習慣をつけておくと、時間ないときも安心できそう。私にはこれがある！って最終兵器な感じで。

ピンク似合わない問題

イガリ案

「大人のピンクメイクは くすみを味方につけて」

女子の悩み！

「数年前までピンクのチークをわーって濃く入れれば、なんとなくかわいくなれてたのに、今同じことしたら大変なことに」(28歳)。大人だって、ピンクをかわいく使いこなしたい……！

Used Item!

C

B

A

ピンク＋αのW使いで圧倒的に肌なじみUP

ピンクメイクってかわいいけれど、大人になるとどうしても遠ざけてしまいがち。いわゆるかわいい系ピンクは肌色に全然マッチしなくなるし、なんだか野暮ったく見えてしまうから（笑）。**くすんだ肌のグレーみが透けて見えちゃうことも原因**です。

大人が目いっぱいピンクメイクを楽しむためには、〝**くすみピンク**〟を主役にしましょう。**２０１６年以前のピンクコスメはだめ**です。最近のピンクなら、どこのブランドでも大体くすんでいて使いやすいはず。単色ではなく、ベースに別の色を仕込んで合わせれば、さらに肌浮き知らずです。

唇は柔らかにくすむコーラルカラーを。優しい色のパワーで心を和ませて♡テクスチャーのバランスも必見です。

H

G

F

E

D

A ストロボクリーム ピンクライト 49g ¥4500／M・A・C　**B** モイスチャー サージ ハイドレーティング クッション コンパクト 33　SPF33/PA+++ ￥5300／クリニーク　**C** フーミー ハイライトパウダー ピンク ¥1800、**D** 同 ロング＆カールマスカラ choco brown ¥1500／Clue　**E** ジルスチュアート　エターナルクチュール アイズ シマー 04 ¥5000／ジルスチュアート　ビューティ　**F** ドルチェ＆ガッバーナ ルミナスチークカラー 400、**G** 同 300 各 ¥6300／ドルチェ＆ガッバーナ ビューティ　**H** アディクション　ザ リップスティック ボールド Heal Me ¥3200／アディクション ビューティ

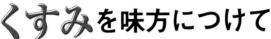

ベースはA～Cを使用してピンベにね。アイシャドウのベースにはEの右から2番目に右から3番目を重ねて。チークはFのあとGを、どちらも頬の中心にまあるく。

ジルスチュアート　ビューティのコスメって、もうちょっと若くて、かわいらしい女の子たちが使ってるイメージだった……！　でも、くすみピンクのシャドウはかわいい＋オトナ感もあるし、なによりかわいくてテンション上がるから使ってみたい！

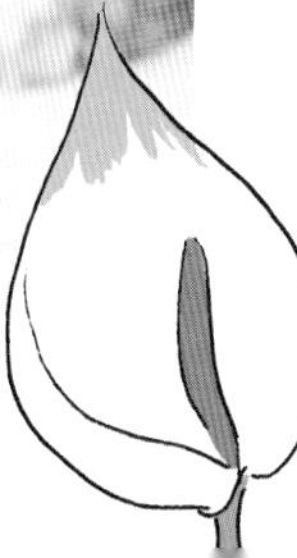

1300人にアンケートしました

美の先輩に化粧経歴聞いてみた

肌 問題

自分に合ったクレンジングとスキンケアを見つけてから荒れにくくなりました（25歳）

シミを隠すためにファンデーションを塗りたくっていましたが、下地・リキッド・トーンアップ・ハイライトの使い方を変えたら、薄づきでも目立たなくなった（50歳）

シワ対策で保湿をしていたら、ツヤが出てきた（34歳）

目 問題

イエローのコントロールカラーを眉頭の真下に仕込むようになってから、くぼみが気になっていたまぶたが健康的にふっくら見えるように（30歳）

目力重視メイクがトレンドから外れたのと、韓国メイクに一重のメイクテクが多いのであまり気にならなくなった（34歳）

よく生える濃い眉毛をどうしたらいいかわからなくなっていたが、眉毛のワックスサロンに通うようになり、形が安定した（27歳）

以前と比べて、環境や自意識に変化があり、劣等感がなくなった。メイクもざっくりするようになった（37歳）

私も歳とって目がくぼんだら、超いい感じにメイクが映えるようになって、超ラッキーって思ってるよー！！

歳を重ねることにおびえる世間と逆行して、化粧好き界隈には「歳を重ねる変化」を楽しむ先人たちが多くいます。先人の美・ハウツーから学べることがあるはず。諦めないで！

脂問題

テカリは保湿を強化することでだいぶましになりました。誰かのようなメイクではなく、自分のパーツで遊べるようになってきた（28歳）

加齢とともにニキビが減ったのは嬉しいです（27歳）

色問題

下まぶたにも黒ラインを入れて老け見えしていたけど、カラーライナーを入れるようになってからきつくならず、お洒《しゃ》落《れ》顔になれてる気がする。何より楽しい！（34歳）

年齢の変化による肌のくすみでピンク系のチークが似合わなくなり、オレンジ系にしたらしっくりきた（38歳）

私問題

かつて強かったはずのコンプレックスに、もうそんなに悩んでいないことに気づきました。理由は、世の中の空気が「みんな違ってみんないい」方向へ変わってきたことと、モテ至上主義ではなく、自分が楽しむためのメイクを語ってくださるメイクアップアーティストが増えたからだと思います（30歳）

「自意識」って本当に大事。世の女子全員綺麗だから、自信持って認めてこ！！

私をアップデートする

化粧のテクニックの他にもコスメブランドや香りにこだわったり、信頼できるBAさんを探したりと自分を高める方法はたくさんあります。あなたはどんな方法でアップデートしますか？

第5幕

1300人にアンケートしました

全世界を救う呪文は「かわいいじゃん、今日♡」

Friends

メイクではないですが、中学生のとき友達に、「100万ドルの笑顔」と言われたので、笑顔を大事にしてます（33歳）

親友に会うたびに「かわいくなったね」って言ってもらえるので、本当に毎回嬉しくなります！（24歳）

友達に「自分をメイクしてみてほしい」と頼まれたとき、人から見て自分のメイクはまずまずうまくいってるということかな、と少し自信になった（34歳）

ふとしたときに「〇〇のアイメイクすごく綺麗だなって思ってた」と友人に言ってもらえたり、お泊まりのときに「そんなに化粧してたんだ？すっぴんと全然違う」と言われたり……。〝すっぴんと違う〟は私にとっては褒め言葉です（24歳）

「顔のパーツが全体的に下がった⁉ かわいいイメージになった！」と女友達に言われたとき。顔のパーツが上にあるのがコンプレックスで、ハイライトの位置や下まぶたメイクを研究していたのでかなり嬉しかった（26歳）

Lover

今までは褒められても素直に受け取れなかったが、彼氏ができてから、毎日のように「すっぴんでもかわいい」と言ってくれるので、自己肯定感が徐々に身に付いた（23歳）

10年前に付き合ってた人に「目が綺麗」と言われて、目に自信が持てるように。盛るアイメイクより自分が好きなアイメイクをしていたら、友人からも「個人的にどストライクで好み」と言われた（24歳）

初めてアイラインを引いてまつ毛をビューラーで上げた日に、クラスの男子に「なんか今日目がキラキラしてる？ すごい、目がうるうるだ！ かわいい！」って言われて、私はメイクしたら目がキラキラするのか～！って知った。前まで眠そうな顔が嫌だったけど、初めてそう言われて自尊心高まった（24歳）

かわいくいるために必要な“自己肯定感”。リアルな女子たちが自分に自信を持てたエピソードを紹介します。

Family

幼い頃から家族に「かわいい」、メイクをしたあとも「美人」と言われ続けて、自然と自信が持てた（27歳）

旦那や子どもに「かわいい」と言われたとき（29歳）

Myself!!!

つり目がコンプレックスでしたが、「ディズニープリンセス」もみんなつり目！　と言われて、プリンセスの素質あるかも……と思える（妄想できる）ようになった（27歳）

コンプレックスだったタラコ唇をグラデーションリップにしたら悪目立ちしないようになった。更にノーズシャドウを入れたら唇が美しく見えるようになった（28歳）

就活時にマツエク＆まつパ＆眉毛サロンに通ってから切れ長の一重で自信のなかった目元に自信が持てました。就活のときはまつパをしてただけですが、社会人になってからは推しの現場に合わせてマツエクをしてます（26歳）

コンビニのミラーが目の前にあって、ふと自分の顔を直視してもへこまなかったとき（25歳）

Beauty Adviser

資生堂のメイクレッスンに行ったとき、BAさんに「ほぼちゃんとできていて直すところがあまりない」と言われた（37歳）

某国内メーカーから派遣されて来ているBAさんに「元BAだったりしますか？」と聞かれた（47歳）

IDOL

5年くらい通ってた好きなアイドルの特典会で、「綺麗になったね！」って言ってもらってから、自分に自信が持てるように（34歳）

最推しのハイタッチ会のときの本気メイクは自分史上最高の仕上がりに。やればできるじゃん！と思った（34歳）

素敵な女性は香りをまとう

「香り」も自分自身をまとう化粧の一種。イガリさん、劇団雌猫、リアルな女子たち、それぞれのこだわりを聞いてみました。

香水

香りの奥深さが モチベーションを高める

季節や気分によって使い分けている中で、コンスタントに使っているのが、この香水。果実の甘さがありつつもすっきりとしていて、ユニセックスな雰囲気もあり、朝つけると「今日も楽しく働くぞ～」というモチベーションを高めてくれる。（ひらりさ）

ディプティック
オー ド トワレ
フィロシコス 50ml
¥12500／diptyque

セルジュ・ルタンス
ニュイドゥセロファン
［オードパルファム］50ml
¥13000／ザ・ギンザ

「自分が大好きな自分」を 一瞬で取り戻せる

シックで重厚なパッケージがまず最高！　美しいボトルで、キンモクセイのいい香りが好き。玄関に置いてあるので、お出かけ前に気持ちを高めたり、会食などでタバコの臭いがついちゃったときに帰宅してすぐひと吹き。（かん）

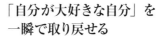

\イガリ/

マウスウォッシュ

喉の奥まで
すっきりいい女

持ちやすさがいいよね。持ち運びに少し恥ずかしさがあるアイテムだからこそ、メイク道具になじむデザインが好き。口をゆすいだあとに飲み物を飲んでも、邪魔しない感じですっきりする香りもいいよー。

クリアクリーン フルージュ
マウスウォッシュ
アクティブグレープフルーツ
200ml（オープン価格）／花王

ディオール
ミス ディオール ヘア ミスト
30ml ¥4500／パルファン・クリスチャン・ディオール

\イガリ/

ヘアフレグランス

まるで「女性の秘密」

毎日持ち歩けるサイズがいいよねー。自分の味方。少しラブな香りがするから、フェロモンがしゃきっとする感じがする。お風呂上がりの優しい湯気のような香り。長持ちするところも好き。

私たちがまとい続けたい"香り"♡

ロジェ・ガレのシトロン パフューム ウォーターは、香水ですぐ酔う私がずっとつけてられる香り（27歳）

仕事のときはナチュラル、優しく、人畜無害。柑橘系にミントで清潔感の香水。話しかけやすい印象に。アフター5は自分を癒すアロマのロールオンをつける（29歳）

マジョリカ マジョルカのマジョロマンティカは一生使いたい！（33歳）

1300人にアンケートしました

みんなの印象は？

リアルな女子が選んだ コスメブランド 印象大調査

女子たちはコスメブランドにどんな印象を持って愛用しているのか調査しました。個性的な回答にイガリさんも驚愕！

excel

TOKYO RICH CASUAL by NOEVIR

きちんとしてるOL（27歳）／**大人っぽい女性を演出できる**（23歳）／**パキッ、フワッ、キリッを兼ね備えている**（27歳）

IGARI うんうん！「私」を整えてくれる感じするよね！

ETVOS

ミニマルで洗練されてる自然体なイメージ（29歳）／**抜け感を出しつつ、色っぽい女性**（24歳）／**力を抜いた綺麗な人**（34歳）

IGARI 洗練されてる自然体って納得できる！　ETVOSのコスメのゴールドって、太陽の光みたいに温かみがあるんだよね。

インテグレート

ちょっと大人の女の子（24歳）／**ファニーな感じ**（52歳）／**よくも悪くも“女子”って感じ**（29歳）

IGARI 眉マスカラが私の大ヒット。眉の質感を出してくれて、ふさっと仕上がります。絶対使ってみてねー。

UZU

冷徹なる日本武士（33歳）

IGARI 日本武士（笑）！　新しい展開がいつも楽しみ。

マキアージュ

男ウケというよりは自分ウケする理想のレディ（29歳）／大人の女性だけどかわいさもすごくある感じ（27歳）／背伸びしすぎない大人っぽさ（21歳）

IGARI レディ感がちょっと背伸びしてる感じで夢を持たせてくれるよね♡　寄り添ってくれてる感じがたまらない。アイシャドウパレットがとても使いやすい！

マジョリカ マジョルカ

魔女っ子（28歳）／サブカルチック（22歳）／永遠の女子。男の子ってなぁに？な、毒っ気と処女性（29歳）

IGARI 魔女っ子（笑）。納得！

RIMMEL LONDON

大人っぽいのを目指してる女の子（28歳）／堅実美人（26歳）／トレンドに敏感な若い女の子（23歳）

IGARI なるほどね〜。私はリップのテクスチャーと色味が好きだな。

CANMAKE TOKYO

隣の家の幼なじみ（31歳）／自分をかわいく見せるために努力してる子（28歳）／ハツラツとした少し背伸びしたい女子（27歳）

IGARI CMがいつもかわいーよね。親近感あってかわいい女の子がつくれる。むかーしあった下地とか、グロスとかアイシャドウベースとか。ヒットアイテムがたーくさんあります。マスカラ下地いいよなー。

WHOMEE

カジュアルな同級生（31歳）／程よく抜け感があって、かわいくも大人っぽくもなれる女の子（37歳）／カメレオンお洒落《しゃれ》女子（32歳）

IGARI テクニックレスでメイクを楽しめるって教えてくれる♡　なんてね。使ってみてねー！

SHISEIDO

着物をかっこよく着られる（28歳）**／日本人の美しさを引き出すイメージ**（22歳）**／自分のためにお金を使うのを惜しまない女性。ハイブランド**（29歳）

IGARI 凛とした素敵な女性に。ここまで自分を持ち上げたい！ って思う。他のブランドとの相性がよくて〝ハイなワタシ〟になれそー。

shu uemura

媚びないビビッドな大人（28歳）**／個性的だけど親しみやすい**（28歳）**／ピンクのショートヘアで、ショーパンに「コンバース」をよく履いてる23歳の女の子。仕事はアパレル系か音楽系かしら**（34歳）

IGARI そうだよね！ アイテムはペンシルが好きでかなりヘビロテ。『美の巨匠・植村秀のことば』（宝島社）って本読んでみてね。もっとお化粧が好きになると思います。

JILLSTUART

キラキラマシュマロ女の子（36歳）**／お花と蝶々が好きそう**（21歳）**／超かわいいほわほわした感じ。あざとさ。モテ**（17歳）

IGARI なるほど〜。ラメの濃度とかパール感がほわっとさせてくれるのかもね。私も「エターナルクチュール アイズ ベルベット」をよく使います♪

Department store
Cosmetics

IPSA

イノセント（25歳）**／シンプル、透明感、上品さ**（32歳）**／女性らしくて色気のある感じ**（21歳）

IGARI イノセント♡ 色気メイクを引き出してくれた水色のトーンアップは、私のメイクの歴史でもターニングポイントでした。

CLINIQUE

黒髪色白、清楚（28歳）**／健康的なかわいさ。あとBAさんのイメージが強くて、白衣はおってる**（25歳）**／キリッとした女性**（42歳）

IGARI 健康的！ うんうん。ポップな色味が明るい"私"にさせてくれるよね。何周も立ち寄りたいブランド。

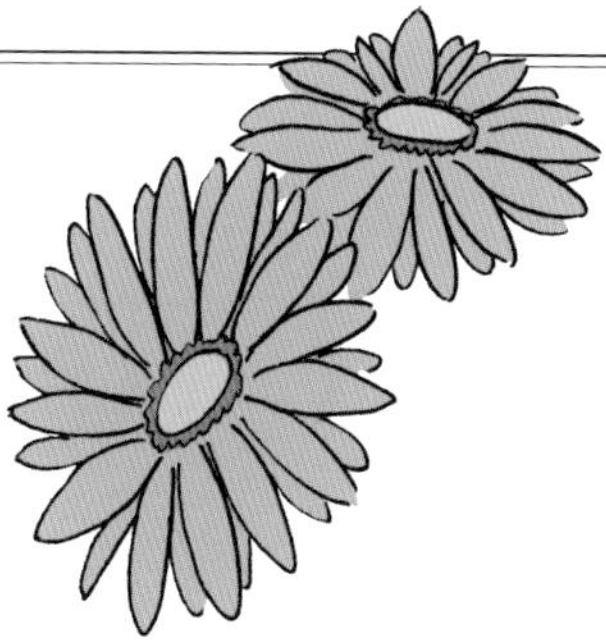

NARS

意思がある強さ（34歳）／日常的に寄り添うモード感（24歳）／長時間の戦闘モード（32歳）

IGARI NARSはね、ヘアメイク人生ずっと変わらず、その都度助かりすぎるアイテムがあって、いつもメイクにポイントを与えてくれるブランド。色もお洒落（しゃれ）、テクスチャーもお洒落。他のブランドとの相性もばっちり。

PAUL & JOE

女の子らしくてたまにポップな猫ちゃん（22歳）／猫、スカートとふわふわセミロングが似合いそう（26歳）／色白の女の子（31歳）

IGARI 言えてる――♡　とろみ素材でパステルカラー系のワンピとかのとき、猫のポーチから猫のリップ出したいよね。ファッションとのイメージがばっちりでわかりやすい。下地が最高です。

SUQQU

キリッとした麗人（31歳）／清らかな日本人女性（27歳）／華やかで、品があって、芯があって、洗練された女性（25歳）

IGARI だね♡　それに加えて、ハッとさせてくれるよね。フェイスカラーをよく使うからすり減ってる。アイシャドウのキラつき方もワクワクする。

ディオール

仕事もできるし家事も綺麗にこなしちゃう、いいオンナ（26歳）／"女性"を謳歌して生きている女（25歳）／自信に満ち溢れたキラキラウーマン（29歳）

IGARI いい女（笑）。そんな女性になりたいよね！　余裕をもたらしてくれるかなー？

コスメカウンター 知って得する10のポイント

綺麗になる近道は、コスメカウンターに足を運ぶこと！　とはいえ、行き慣れていないと、なんだかちょっと怖いかも……。そこでBAさんに、コスメカウンターを利用するコツを聞きました。

答えてくれたBA*さん

もんぽこさん

都内の某百貨店勤務。BA歴3年目。朝と夜で使用する化粧品を替えるほど、スキンケアにはかなりこだわっている。最近気になるのは、花を原料にした韓国発のナチュラルスキンケアブランド、ファミュ。オフの日は愛するロックバンド、[Alexandros]のライブに足を運ぶ。

＊BA……ビューティーアドバイザーの略。美容部員ともいわれる。百貨店や専門店で、お客様のメイクのカウンセリングをしたり、それぞれに合った化粧品を提案する。

Point 01

コスメカウンターに行くならお昼頃が狙い目！

平日も休日も、お客様が少なくて、スタッフの人数も充実しているのはお昼頃です。この時間帯なら、カウンセリングなどもゆっくりしやすいかも。昼間は自然光での発色やメイクのもち具合も確かめやすいと思います。

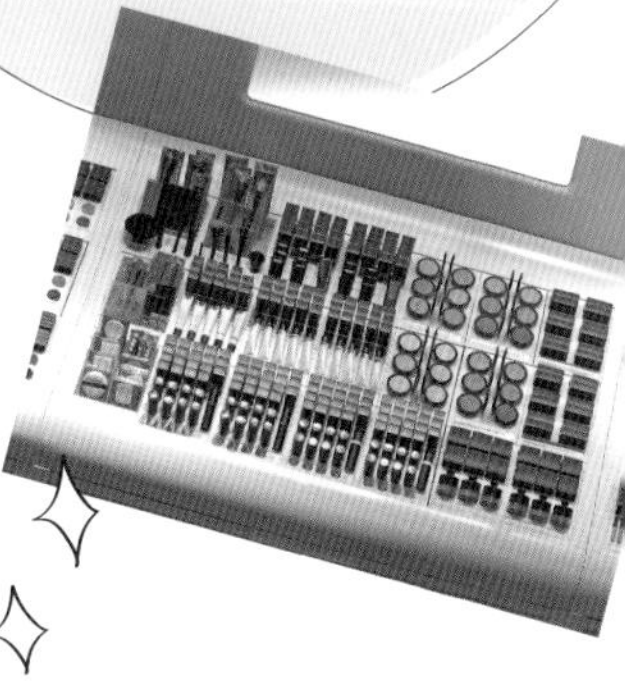

Point 02

サンプルがもらえるかはブランドによって違う

通常は「カウンセリングをした方に3点まで」など、渡す数を決めてお渡ししているブランドが多いと思います。でも最近は転売目的でもらいに来る人も多いので、サンプル自体を廃止するブランドも増えていますね……。

Point 03
お気に入りのBAを指名することができる！

話をよく聞いてくれたり、お悩みに寄り添ってぴったりの提案をしてくれたりするBAを見つけたら、名刺をもらって指名するといいですよ。予約はできないので、いつシフトに入っているか本人に確認すると確実です！

Point 04
買いに行くときは「一日考えます」と言えばOK

タッチアップやカウンセリングをしても、「少し様子を見たいです」と言われれば、BAは気にしません！　コスメカウンターに行ったら何か買わなければと思うかもしれませんが、何も買わなくても大丈夫。

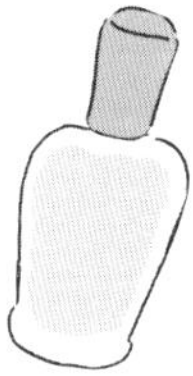

Point 05
新しいコスメブランドを試すならリップから

初めてデパコス（百貨店で買えるコスメ）に挑戦するなら、選択肢の多いリップが取り入れやすいかも。単色のアイシャドウも比較的価格が手頃なので、試しやすいのでは？　オススメの商品を聞いてもいいですね。

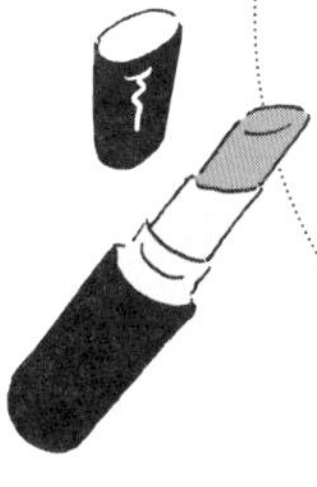

Point

06

声をかけるなら「すみません」がスムーズ

店舗によっては番号札を配っているところもありますし、忙しそうにしていても「すみません」と声をかけてくれて大丈夫です！　購入だけか、タッチアップを希望しているか伝えてくれたら、スムーズにご案内できます♪

＊タッチアップ……百貨店でBAさんに、お試しでメイクをしてもらうこと。気になる化粧品を試して、色味や仕上がりをチェックできる。

Point

07

ハウツーやコツを聞いて自分に似合うメイクを！

タッチアップ中の会話に困ったら、自分で再現できるようにやり方を教えてもらうといいですよ。「色をぼかすときは何もついていない指を使うと上手にぼかせる」など、使い方のコツが絶対にあると思います。

BAさんが駆使するテクニック

肌荒れ対策やメイクが崩れないコツなど、BAさんだからこそ知っているテクニック。今日から活かして、綺麗を実現！

✦ むきたてたまご肌の秘密はクレンジングと洗顔にあり

アイメイクとリップは専用のリムーバーをコットンにたっぷり含ませて、こすらないように拭き取ります。クレンジング、洗顔も、肌に合ったものを朝晩で使い分けています。

✦ 肌づくりはコンシーラーとハイライト・シェイディング

肌のコンディションに合わせて、ファンデは使わないことも。コンシー

Point 08

肌トラブルがあってもOK 大きい悩みはまず皮膚科へ

全然問題ないです！　ただ、メイクによっては肌荒れが悪化する恐れがあるので、炎症がない場所でタッチアップしたり、肌に優しい商品をオススメしたりします。あまりにも肌トラブルがひどいときは、皮膚科などで診てもらうことがオススメ。

Point 09

お客様によってテンションを変えている

外見や年齢などで対応を変えることはありません。でも、お客様一人ひとりに合わせて、接客の仕方は変えています。自分と同年代ならテンション高めにしたり、年上の方には落ち着いた雰囲気で話したりしています。

Point 10

メイクのポイントは「引き」で見ること

タッチアップをするときには、お客様の服装や髪型、メガネ、アクセサリーなど全体を引きでチェックします。そのうえで、色味やテクスチャーなど、全体のバランスに合ったメイクを提案しています。

ラーはクマやシミ、そばかす、毛穴を目立たなくするだけでなく、ハイライトとしても使えて便利です。

◆

乳液と美容液を混ぜてつるつるのお肌に

普段は丁寧にクレンジングしたあと、美容液とワセリンを塗って終わりです！　乾燥が激しいときは、乳液と美容液を混ぜて使うことも。浸透性がよくなります。

◆

5秒のひと手間があるからお客様の前で崩れない！

リップクリームの油分をティッシュオフしてからリップを塗ったり、メイク直しの前に目から下にミストを吹きつけてなじませたりするだけでも、メイクの持ちがよくなると思いますよ。

私たちの
化粧劇場

アンケートに答えてくれた約1300人の“化粧”との向き合い方には、今を生きる女子たちのリアルがありました。このデータベースは、世の女子たちの“今”を表しているんです。

第6幕

〝女子たちの化粧財布〟潜入調査

アンケートに答えてくれた約１３００人の中でも、特に化粧へのこだわりが強い４名をピックアップ。まずは彼らの美容魂が宿るコメント、そして財布の中身と化粧ポーチを紹介します。

化粧はジャージから戦闘服へ着替えるツール

顔やメイクも、私の武器にして生きていく

トム フォード ビューティのデザイナーで、映画監督でもあるトム様（＝トム・フォード）。私は彼の美的センスに絶大な信頼をおいている

〝美意識は自意識〟

「世の全員がすでに美しい」その領域を守り抜きたい

自分に似合う化粧もわからないときに〝美人外宣告に泣いた私が、「キレイですね」と言われるまでにやった20のこととその費用〟という、ライター・小池みきさんのnote（webコンテンツ）に出合った

ヤバい色を
顔にのせて
楽しむこと。
それにより
強さを付加する

バチバチのメイクをすると、
家を出るための
やる気スイッチが入る

すっぴんでも最高。
それを邪魔する奴は
私の領域に
入ってこないでくれ！

なじみのBAさんから「お会いしてから3年経ちましたが、会ったときよりも素敵になりましたね」としみじみ褒められて、よりやる気が出た

“色の白いは七難隠す”
というが、
“肌が綺麗は雑さを隠す”
でもあると思う

次ページから４人の女子の
リアルなお悩みをイガリが
解決しちゃいます ♥

今を生きる女子たちの“化粧財布”チェック

DATA　No 001

名前：ゆかり さん　年齢（29 歳）

職業：広報代理店・営業職

結婚の有無：既婚・未婚（未婚に丸印）

月収：約 25 万円　年収：480 万円（額面）

趣味も美容も全力で向き合う

小学生の頃からインターネット育ち。漫画やアニメ、ドラマに映画、舞台や本が好きで、話の行間を読み続けています。今はミュージカル『刀剣乱舞』に夢中で日本はもちろん、パリにまで遠征したことも。他には香水（姿が見えないため、想像をかき立てる）やイメコン（＝イメージコンサルティング）に夢中ですが、身なりを気遣っても、オタク臭が溢れ出ます。

1ヶ月のコスメ事情

46,000円

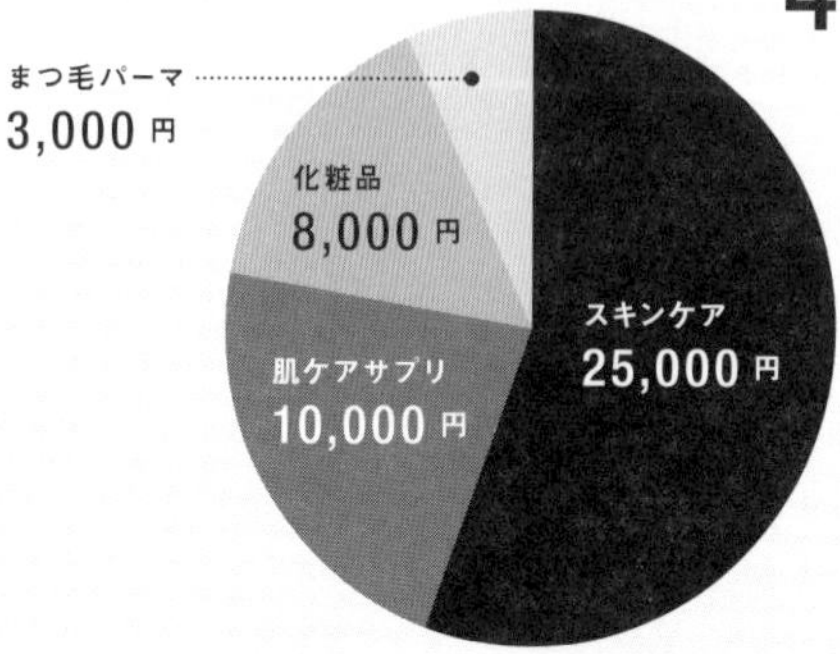

スキンケア：50,000円（2ヶ月に1回）
肌ケアサプリ数種類：10,000円
まつ毛パーマ：6,000円（2ヶ月に1回）
化粧品：5,000円〜10,000円
ロフトなどでアイシャドウやリップを大量に購入。最近抑え気味にしています。

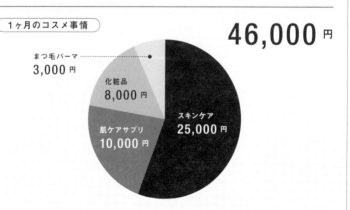

Favorite cosmetics

世の荒波にも打ち勝つかわいいもの崇拝精神

愛するコスメブランドはSUQQU。色物の質感と色は絶対的に信頼している。コスメに「紅雅（べにみやび）」のように、漫画『BLEACH』に登場しそうな名前がついていることも、中二病を刺激してたまらない。

ポーチには入っていないものの、前から信頼しているブランドはイプサ。スキンケア製品は、長期間使わないと効果が出なかったり、ゆらいだりしてしまうこともある。だからこそ、宗教みたいなものだと思っている。信仰している推しBAさんは肌状態から的確なスキンケアやメイクを他ブランドも含めて提案してくれるので、「よりよい肌状態で褒められたい！」ということが大きなモチベーションになっている。

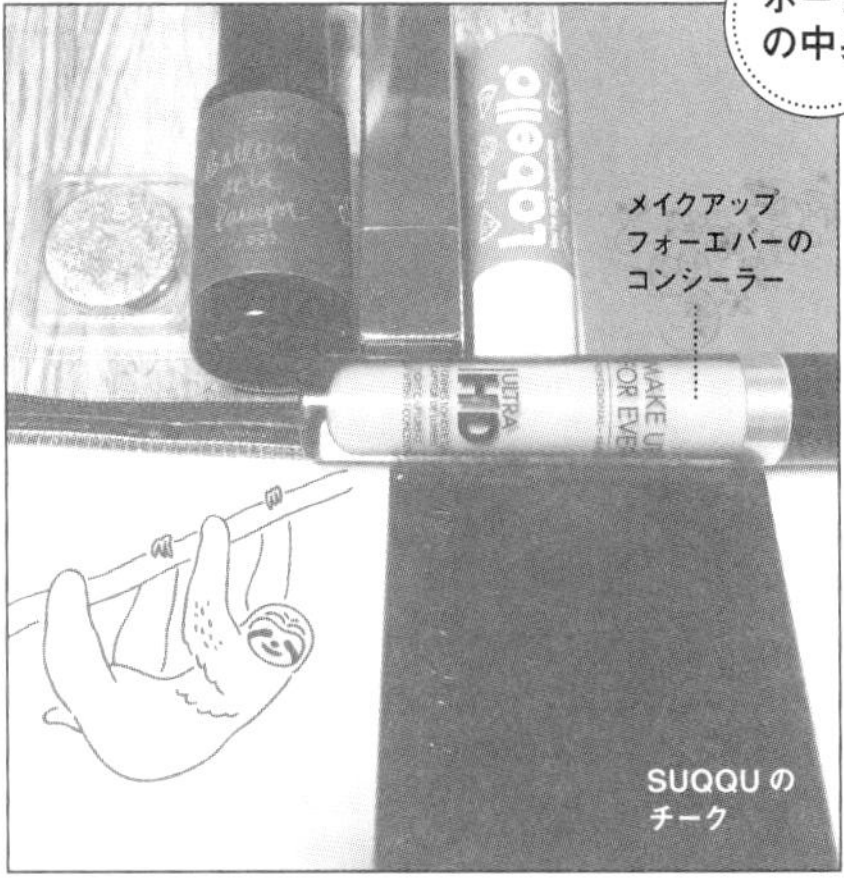

イガリ先生、教えてください。

派手顔だけど渡辺直美さんみたいなギラギラカラーメイクがしたい！

イガリ案

アイメイク以外のバランスが大切！

ギラギラカラーメイク、すればいい！ 思いっ切り楽しむのだ！ だけど、少しギラついたメイクをするときは覚悟してね。ファッションもヘアメイクも頑張って、全身のトータルバランスを必ず意識して。そうすると、ギラギラメイクが浮かないで、「ギラギラカラーメイクを楽しんでる感」が出るよん♪

このメイクをするときには、絶対に絶対にはっきり発色する色を選んでね！ あと、唇が薄いと少し意地悪っぽい顔に見えちゃうから、オーバーリップで厚めにつくるとかわいいよ♡

DATA　No. 002

名前：さくこ さん　年齢（21 歳）

職業：大学生

結婚の有無：既婚・未婚（○）

月収：バイト代5万〜6万円＋仕送り　年収：— 万円

好きなものはコツコツ収集

地方出身の、都会に憧れるフェミニスト。ファッション、漫画、深夜ラジオ……。カルチャー全般が好き。特に『Creepy Nuts のオールナイトニッポン 0』を愛しています。服はMame Kurogouchiが好きで、バイト代を貯めてコツコツ集めています。

1ヶ月のコスメ事情

15,000 円

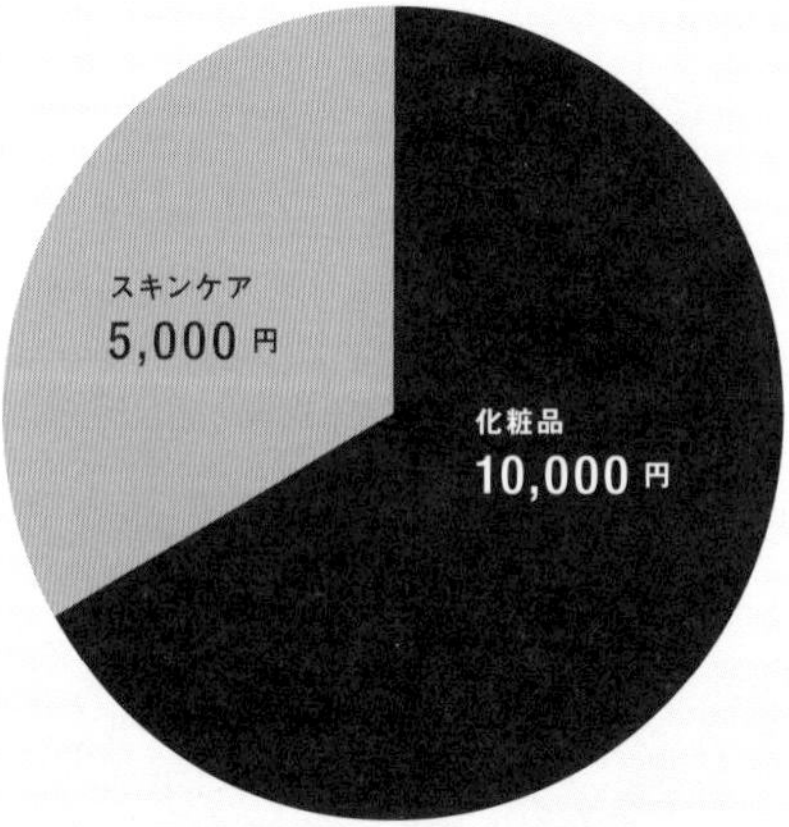

スキンケア：5,000 円
化粧品（リップやネイル、アイシャドウなど）：10,000 円

Favorite cosmetics

化粧はモードな私に変身するための武器

“資生堂” というカルチャーが好き。海外コスメは、私の肌にとっては強すぎて荒れてしまうときがあるけど、資生堂は私の肌に合うし、ずっと応援したいブランド。

SHISEIDO のチークは、ぽわっとした発色が好きで、雑に塗ってもちゃんとかわいい。チークとしてはもちろん、アイシャドウとしても愛用しています。

トム フォード ビューティのアイシャドウは、クリームなのによれない、落ちない。色味もかなり使いやすくて、ひと塗りでサマになります。パケがシンプルでアガるし、自分のなりたいイメージともぴったり。

イガリ先生、教えてください。

唇が大きいけど、小さくて薄い上品な唇に憧れる！

イガリ案

唇の「山」で上品はつくれるよ♡

大きめの唇ってチャームポイントだから活かすこともできるけど、もし小さく見せたいならポイントは３つあります。

１つ目は唇の輪郭ラインを１㎜減らすこと。唇に沿わせると、もともとの形が強調されます。

２つ目は、山をしっかり消すこと。これかなり大切です。山がしっかりあるとお笑いっぽくなっちゃいます！

３つ目は他とのバランス。唇の割合がもともと大きいから、チークとリップがほぼ同じ大きさだと下品な印象に。チークレスのほうがバランスよくなります。

DATA　No.003

名前：ちゃんまり さん　年齢（24 歳）

職業：出版

結婚の有無：既婚・未婚（未婚に丸）

月収：約20 万円　年収：300 万円

お肌命のゲーマー♡

アプリゲームにハマってます。もともとゲーム好きなため、月1万円までと限度額を決めて、音ゲー、アバターゲームなどに課金して遊んでます。

1ヶ月のコスメ事情

16,000円

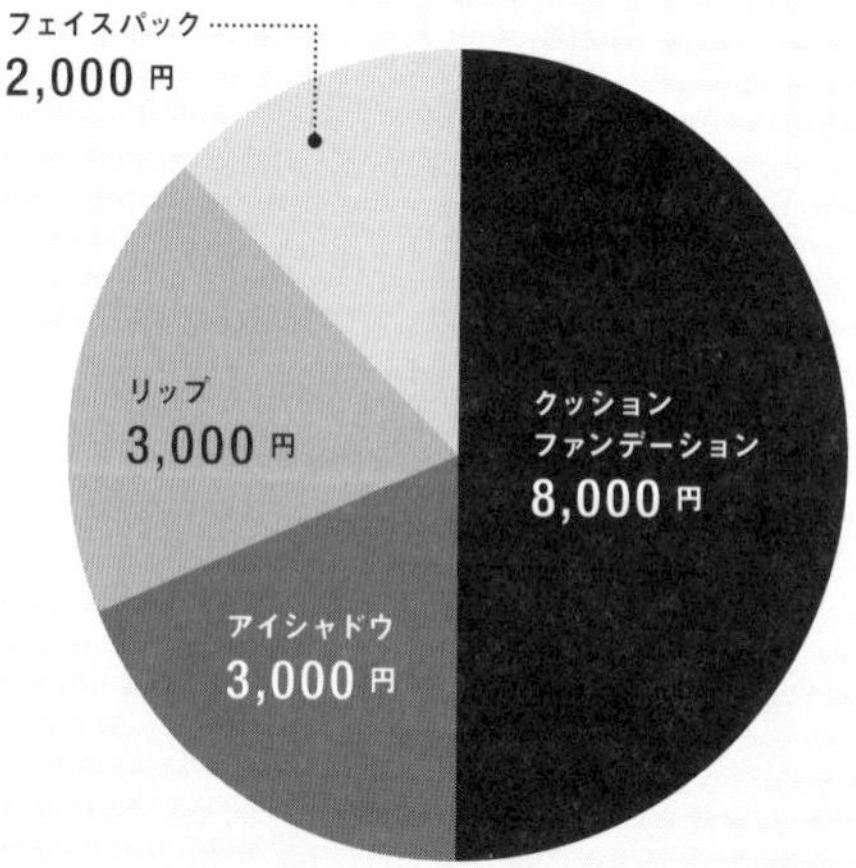

化粧品：12,000円～16,000円
- クッションファンデーション：8,000円
- アイシャドウ：1,000円～5,000円
- リップ：3,000円
- フェイスパック：2,000円

Favorite cosmetics

大切なことはこっそり仕込んでる

日中に使う美容液とクッションファンデはどちらも大好きなポール & ジョー ボーテ。この2つを組み合わせると、カバーだけでなく保湿もできるから、朝のメイクしたてのツヤっとした顔に戻ってくれる。

今のお気に入りは、イニスフリーのリップ。ツヤでもマットでもない、“マシュマロ系”リップがたまらない♡

香水を２種類持ち歩いている。これは、自分がいい匂いであることはもちろん、同僚がタバコ臭かったり、満員電車で嫌な匂いを嗅いでしまったりとピンチのときに。さりげなく手首に鼻を押しつけて、難を逃れる自衛策。

イガリ先生、教えてください。

目の下のクマを自然に隠せる色味が知りたい！

イガリ案

合言葉は「光で飛ばそう令和時代」

もうね、隠す時代は終わりにしたいの！　だから隠すんじゃなくて、「光で飛ばそう令和時代」っていうのはどう？　隠すと、どうしても〝厚塗り〟感が出ちゃう。どれだけ自然なものでも、時間がたつと塗ったぶんだけよれちゃったりするし。

だったら、目の錯覚を使って、光でレフ板効果にしちゃえばいいよ。ハイライトを黒目下のちょっと高い部分にのせてね。

そのぶん、肌をツヤツヤにしすぎちゃうとテカって見えるから、肌はセミマットがいいよ♡　一緒に時代つくってこ――。

DATA　No.004

名前：ふう さん　年齢（ 27 歳）

職業：IT系

結婚の有無：既婚 ・ **未婚**

月収：約38 万円　年収：450 万円

化粧は社会武装のため！

観劇が大好き。お金は趣味に全振りしてるので、お洒落《しゃれ》に対する優先順位は低め。自分では「自分の見た目」は見えないので、社会人になるまでノーメイクを貫いてました。今は社会武装用にメイクして、ネイルもたまーに塗ってテンションを上げてます。

1ヶ月のコスメ事情

3,000円

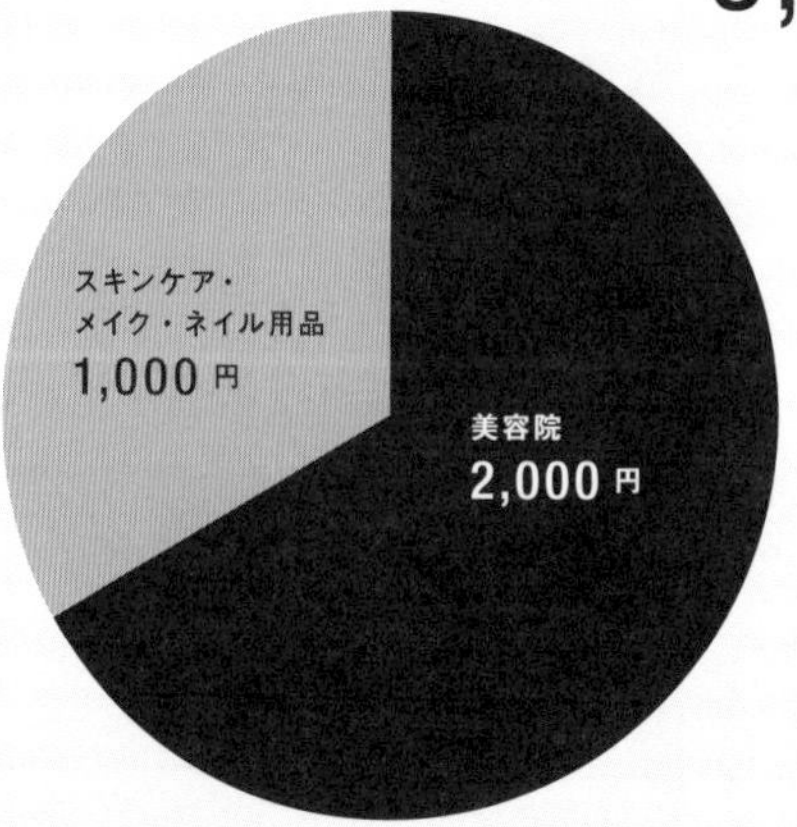

美容院：10,000円（3ヶ月〜半年に1回）、
スキンケア・メイク・ネイル用品：300円〜1,500円
なくなったら都度買い足します。

Favorite cosmetics

化粧は必要最低限のたしなみ

メイベリン ニューヨークのアイブロウマスカラは、安達祐実さんがメイク動画で使われているのを見て軽率に真似したコスメ！

オペラのリップは、もともと別の色を使ってたけど、しっかり使い切ったので２本目に突入。２色めも愛用している。

ヴィセ リシェのアイシャドウはもう底見えしてるけど、「もう使えないだろ!!」って思うくらいまで替えられません……。

海外で適当に買ったガルニエのBBクリームと、友人からのプレゼントで愛用してるクラランスのミストは、いい匂いに癒やされています。

イガリ先生、教えてください。

普段メガネをかけていても、似合うメイクを知りたい！

イガリ案

メガネをした状態で似合う眉をつくってね

時短メイク（P．112）でも紹介したとおり、メガネをした状態で眉をつくってみて。周りの人たちがあなたを見るのも、メガネをかけた状態が多いと思うから、きっとそっちのほうが自然に描けるはず♡

メイクは、「色味」に注意してみてください。メガネかけるとチークが見えなくなっちゃうから、そこを細かく細かーく確認しながら。トトトという感じで優しく色をつけてね。

リップはベージュとかよりも赤みがあるほうが顔全体が明るくなるのでオススメです。

1300人にアンケートしました

世の女子たちよ♥

どうしてあなたはメイクするの？

世の女子の「メイクの悩み」をもとに始まった本書。
そもそも女子たちは、どうして悩みながらもメイクするんでしょうか。
社会のため？ 誰かのため？ あなたがメイクする理由を教えてください。

少しでも女性らしくするため、自分の顔に絵の具を塗っている気分で（34歳）

楽しく幸せな気持ちでお出かけできるように、モチベを上げるため（17歳）

好きなメイクアイテムを最大限似合う形で使いたい！ まず好きなコスメありきで、じゃあ自分の顔にどうのせたらいちばん映えるだろうか？という、いわばコスメファーストな考え方です。（25歳）

おっ、綺麗って思われたいから。今日もかわいいぞ！ １日楽しむぞーって気持ち。テンション上げ上げ、好きな曲聴きながらメイク（48歳）

メイクで綺麗にして自信をつけるため。その日の服によってメイクを変えたり、変身するようでワクワクするので気分があがる！（36歳）

なりたい顔に近づく、身だしなみ、かわいい服を着てお出かけするのと同じ感覚（27歳）

相手に、前会ったときより『なんかかわいくなった♡』と思ってもらえるようにメイクしてます！（33歳）

仕事に必要だから、テンションを上げて、気持ちを切り替えるため。推しにかわいく見てもらうため！（22歳）

どうにかマシにして人間になる！と励ます気持ち（28歳）

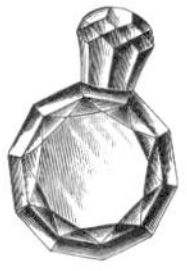

会社に行くときはまさに部族が戦いに行く前に化粧をする気持ち。遊びに行くときは自分をグレードアップさせて見せたい。自信を持った振る舞いをしたい。やばい色の粉を顔にのせて楽しみたい（28歳）

自分のテンションを上げて、オフからオンへの気持ちの切り替えを行うため。他人にどう見られたいかというより、自分自身がどうありたいか、ということを考えつつメイクしています。（27歳）

メイクをしたあとの顔が、自分の本当の顔だと思っています。メイクをしてこそ自分として外に出られます。なので、化粧水や乳液の延長線上にある、実に身近な存在でありながらも、自分を表現させることがこんなに難しいのかと思うものでもあります（32歳）

・顔のパーツのバランス修正
・その日を楽しく過ごすため！
・気持ちを高めるため！（23歳）

洋服が好きなので、なるべく洋服と顔がいい感じになじんでて、お洒落《しゃれ》に見えるように。血色よく、女性らしく見せて、妻であり母だけど色っぽくいたい。それがモチベーションになる（32歳）

人に会う時の気合入れ。
自分へのパワーアップ効果です（27歳）

1300人にアンケートしました

個性を伸ばす♥

私たちの化粧アップデートテク

コンプレックスもチャームポイントもそれぞれの個性。世の女子たちが自分の顔をアップデートするために実践しているテクニック、教えてください。

SKIN

隠したいものだらけだけど、最低限の範囲と薄さのコンシーラーのみ使って、ファンデーションは使わずに、パウダーで仕上げる。昔は全部完璧に隠せるくらい塗りたくっていたけど……。首やデコルテの肌も年々疲れてきているのに顔だけ綺麗でも浮いてしまう気がして、ナチュラル志向に。今はうっすらシミが見えていても気にしなくなりました（30歳）

保湿感がありつつ、肌触りのよいマット感、でも引きで見るとうるっとツヤ感がある感じで、ぽわああんと落ち着いた色が発色するイメージでチークを入れます。全体的にはしっかりメイクだけど、「キツすぎない」をテーマにつくっています（25歳）

EYE

もともと奥二重で目が小さいことに悩んでいましたが、厚化粧と思われるのも嫌なので、①盛りすぎずに印象を変えること②なるべく上品に見えることを念頭に置いて研究を続けています（24歳）

目頭＋目尻の三角ゾーンにも締め色を入れて横幅を強調する（27歳）

一重を無理にでかくしない。K-POPのアイドルたちになれるとは到底思っていませんが、一重のメイクの可能性を教えてもらってから幅が広がりました（32歳）

目元は、鳥山明が描くつり目のキャラクターを意識しています（21歳）

目頭にキラキラ。蒙《もう》古《こ》襞《ひだ》がある奥二重なので、デカ目のために必須です！（25歳）

NOSE

彫りが少し深い顔なので、ノーズシャドウなど顔の立体感を出すように気をつけています（27歳）

オイルベースのハイライトを、鼻筋や目元に塗ってメリハリを出してます（34歳）

EYEBROW

眉はふんわりさを残しつつ、細すぎないようにする。時間をかけすぎず、短時間で完成させる（29歳）

眉毛を描くときは『ベルサイユのばら』のオスカル様を思い浮かべる。綺麗に描けます（笑）（27歳）

とにかく形。2〜3日に一度シェーバーでカット、2〜3週間に一度、季節やトレンドに合わせて形を見直す！（30歳）

CHEEK/LIP

リップを先に塗って、バランスを見てメイクする（32歳）

リップは濃いめでうるうる系、頬がもともと赤いので、チークは自然に引き立つように（26歳）

最近は唇の輪郭を少し大きめに描いてぽわりとさせる。眉、チーク、唇の全部に力を入れない。抜くところを抜く！（41歳）

BALANCE

顔の重心を下に下げる。上まぶたを盛らずに下まぶたをがっつり盛って目の位置を下げ、鼻先にハイライトを置いて鼻の位置も下げます。顔の下半身が短いように錯覚させることができるよう意識しています（26歳）

アイシャドウが派手ならチークやリップを控えめにするなど、色のバランスを整える。それと、毎回メイクのテーマをつくってます（21歳）

顔の下半分が気になるので、上半分に目がいくようにしてます。眉は濃いめ太め、マスカラ以外は濃く。チークは塗ってもごく薄く（40歳）

OTHER

推しが演じるキャラクターのカラーに合わせて、メイクの雰囲気や使う色を変えてます（23歳）

化粧は、仕事・遊び・オフ・推しの現場用という4パターンの組み替え式。基本はこのリップは現場用、このマスカラは仕事用と、分けています（25歳）

1300人にアンケートしました

＼化粧で七変化♥／

私たちの憧れイメージ

化粧は、素敵な憧れの女性に変身できる魔法のツール。メイクが好きな女子たちが今気になっているメイクはこちら。次のトレンドはココから生まれるかもしれません。

あでやかな大人のツヤ

場面に合わせて変わる石原さとみちゃんのようなメイク。特に明るくツヤのあるアイシャドウの選び方とのせ方に憧れる（18歳）

ツヤあり！ 抜けあり！ でも間抜けにならない、引き算メイクをこなしたいです（37歳）

目鼻立ちがはっきりするような、かわいらしいような……。妖艶にも見える化粧（27歳）

派手派手カラー

美しくて派手なキラキラドレスにも負けないメイクがしてみたい！（18歳）

海外コスメに興味があるので、カラフルでポップなメイクに挑戦したい！ 次はネオンカラーを狙っています（34歳）

本当はキラキラのつけまつ毛とか、ネイルにつけるストーンみたいなのをまぶたに貼りつけて、思い切ったド派手メイクをしたい（変身願望）！ けど、パーティーどころか、そんなのしていく場所がない（27歳）

性格が変わるような劇的なメイクは一度してみたい！（笑）韓国ドラマの悪女みたいな……（25歳）

K-POPアイドルのように、アイラインをしっかり引いているような美人顔のメイクがしたい（24歳）

すっぴんのような ベイビーフェイス

年齢を重ねてもみずみずしさを感じる、石田ゆり子さんみたいなツヤ肌になれたら嬉しいです！（47歳）

大人っぽくてぼんやりしすぎないけど、色素が薄く見える感じ（27歳）

そばかすが透けていて、自然な毛流れの眉毛で、色味がなく艶だけに見えるアイメイクで、女性らしいリップ。国籍・年齢不明なナチュラル感に憧れる（37歳）

生まれたときから美人

パリジェンヌのようなナチュラル美人（26歳）

佐藤栞ちゃんみたいな、ナチュラルなのにきちんとメイクしてるっていうのが憧れ（32歳）

バチバチのお人形

無機質、人工的なフランス人形♡（27歳）

お姫様みたいにふわふわ・キラキラ・うるうるの、壊れそうな美少女（25歳）

強く美しい中国美女

まさに憧れてます！　ガールクラッシュのような、アジア人にも似合うかっこいい系のメイクを極めたい（24歳）

切れ長なアイメイクからは、独特の個性と妖艶さを感じます（32歳）

個性を持った韓国の女の子

一重でも、魅力的なメイクをしている韓国の女優さんみたいなアイメイクに挑戦したい（38歳）

深夜0時、女子たちの化粧夜会

「座談会後編」

本書を通じて、約1300人のアンケート結果と向き合い、メイク観を問い直した劇団雌猫とイガリさん。『化粧劇場』は終わっても、人生の〝化粧劇場〟は続きます。あなただけの最高のフィナーレに向けて、これからどうしていきますか？

なんのためにメイクする？

ひらりさ
モテのためとか、誰かのためというより、趣味としてするようになって、メイクが楽しくなった。

ユッケ
私も自分がこの色を試したいとか、今日は気合を入れたいとか、そういう感じ。

ひらりさ
推しのためにメイクする？

ユッケ
推しのためというか、お洒落《しゃれ》してコンサートに行くのは推しに見てほしいからっていうわけじゃなくて、そのほうがチケット代以上に楽しめるからだね。

もぐもぐ
私は、前は自分が楽しいからメイクしてたけど、最近は全然してない。

イガリシノブ×劇団雌猫

かん それはなにゆえ？

もぐもぐ 使うものが決まったのもあるかも。

ユッケ たしかにもぐもぐさんは選び取ったあとの世界に生きてるね。

もぐもぐ でもちょっと気を抜くと、すぐ古っぽくというか、「ちょっと違うな」ってなるじゃない？　だから自分が好きなメイクはありつつ、流行りはおさえて、うまくアップデートできたらいいな、と。いまだに細眉のおばさまとか見ると、ドキドキしちゃうじゃないですか。そうならないようにしなくちゃ、という危機感がある。

かん 24時間365日、自分が一番いい、自分ウケがいいのをよしとする風潮もあるじゃない？　でも、実際はそうもいかないよね。パートナーが「そ

んな濃いリップじゃなくていい」って言ってきたり。ナチュラルなほうがかわいいのに濃くする必要ないみたいなのは、ある種の褒め言葉でもあるらしい。

イガリ
日本の男性は他の国に比べても、女子にうるさいからね。「キスのときにベトベトするからグロスしないで」とか。

ひらりさ
自分の顔にいいも悪いも思わずに暮らせるのが、一番いいと思うけど。

ユッケ
たしかにね。

ひらりさ
フラットに見るというか。多分、自分のやりたいメイクについて自信持ったうえで、チューニングするのがいいのかな。そのほうがちょっとコスプレ気分みたいなのも味わえそうだよね。

もぐもぐ
例えば、結婚式場のプランナーさんとか、ビシッとしたメイクの人ってすごくかっこいいよね！　ＴＰＯに合わせた武装でもあり、コスプレでもあり。

一同
コスプレ重要！

自信満々な顔で年齢を重ねるために

ひらりさ
私はまだメイクテクとかが発展途上なので、ある程度身に付いたところで、いろんな奇抜なことをしたいな。ダサくないように年相応じゃないことをいろいろやれたらいいな。

ユッケ

私、人生生きてきて、年々楽しくなってきているので。

かん

いいね、最高じゃん。

ユッケ

そう。30代になったんだけど、20代より楽しくなるんじゃないかって気がしている。10代、20代で培ってきたものがそろそろ開花するんじゃないかな～、みたいな。小嶋陽菜さんとか、新垣結衣さんとか、石原さとみさんとか、自分よりちょっと年齢が上の女性芸能人を見ていると、自分がやっていることに対して自信がある顔をしているじゃない？　そういう人たちを見ているから、30代ってきっと楽しくなる！　って思うのかも。

ひらりさ

やりたいことをやってなさそうな人は、なんとなく芸能人でも感じちゃうもんね。

ユッケ

いつも自信満々な人は一緒にいて楽しいし、見ていても楽しいよね。

「顔つき」は努力で変わっていくもの

イガリ

女優さんは人に見られるうちに〝女優肌〟っていうのができあがっていくし、アーティストもどんどん綺麗になっていく。人に見られていると磨かれていくの。最近は、自撮りや

SNSの影響で、自分の顔も人の顔も見る機会が増えたよね。

ひらりさ

昔、林真理子さんの本を読んだとき、「顔立ち」と「顔つき」は違うと書いてあって。顔つきは自分で努力して変えられるって。今はそれがすごくやりやすい時代ではあると思う。

イガリ

訓練したものが自分になるから、自分の顔を育てていけるといいよね。

ユッケ

10代〜20代のインスタを見るのが好きなんだけど、加工アプリがあるから、みんな同じ顔でしょ。眉毛がちょっと細めで、目がめっちゃ大きくて、肌の色が白くて。それはそれでたしかにかわいいんだけど、そうじゃなくて、自分ならではのかわいさとか美しさを知ってみたい。

ひらりさ

加工アプリ使うとみんな同じ顔になるから、そうじゃない顔作りたい説、めっちゃわかる。

イガリ

今回みんなにアンケート答えてもらって、いろんなことに悩んでるんだなーって発見だったよ。

かん

イガリさんのメイク、知らなかったワザがたくさんあって目から鱗でした！　最後に贅沢ですが、私たち悩める女子たちにアドバイスいただけますでしょうか……⁉

イガリ

もちろん！

イガリがみーんなに伝えたいこと

1
成長してね

自分アゲってあって、何かひとつでも「私かわいい」を手に入れると、自分のマインドも少し温かくなってほっこりするの。そうすると笑顔が出て表情が明るくなる。心が意地悪だと、口角が下がってつり目になって、しかめっ面のシワがついたイジワル顔になるでしょ。これも気持ちからくる、顔の変な成長……。だからだ！　素敵な顔づくりすればそれぞれのかわいい顔になる！楽しんで、発見してどんどん顔を成長させてね。そうしたら、歳とってもいいシワができて、人生楽しくなるよー。笑顔の女性は素敵です。

2
メイクを味方につけてね

「今日は何を着ようっかな」って気分のとき、例えば、外で遊ぶならパンツスタイルを選ぶし、好きな人とのデートなら、あなたが今好きな「かわいい」服を選ぶよね？　まとうものでそのときの気分が変わるってこと。メイクだけでは、自信がつくまではいかないかもだけど、その顔で過ごす時間に意味が出てくるときもあるはず。大切な一瞬をメイクに手助けしてもらってね。

3
“私”の顔を愛してね

顔は、生まれたときからなにかと付き合ってきたもの。そしてこれからも付き合っていく。だから、自分の顔に嫌なところがあったとしても、好き合ってほしい。完璧に美人でなくても、きっとかわいいポイント、表情はある！　まずは自分を優しく愛してあげて。〝センス〟も〝らしさ〟も、自分を愛してあげることがベースで生まれてくるんじゃないかなぁ。

ひらりさ

素敵。自分の顔のよさとか、「こうなるといいな」を見つめて、正しくアップデートしたいね。

ユッケ

「化粧 2.0」に！

Epilogue

１週間の１６８時間のうち、仕事や家事をして過ごす時間は何時間だろ。メイクして過ごしてる時間って、やっぱり毎日の忙しい時間な人がほとんどでしょ？　それなら、規則だったり、周りから浮かないだったり、いろいろあるかもしれないけど、「毎日のメイク」で自分のマインド上げていかないと、気分が沈んじゃうし、表情の作り方も忘れちゃうかもしれない。

これってね、好きなメイクできなくて、んぅ……もったいないという話でなく、その時間に内面を含めて、〝私〟を成長させなきゃ！　ってこと。そうじゃないと、ときが早く過ぎちゃう。そして、お休みのときこそ思いっ切り楽しまないと！

定年退職したあとは、今と違う問題と向き合わなきゃいけなくなっちゃう。だから「もう若くないし」とか言わないでね。

とにかくだ、みんな与えられてる時間は一緒。過去に戻れないのも一緒。

劇団雌猫の、女心をどついてくるオタクさは追求したくなる。

社会問題だって、環境汚染問題だって、ＳＮＳ社会の発展だって、今の時代を生きる私たちに与えられてる条件は同じ。だったらこの時代に生きてる女同士。自分にオタクになってみたらどうだ！　欲を言えば私はヘアメイクさんだから、みんなに自分の顔のオタクになってほしいのよ（笑）。何かが変わるぞ♡

私の好きな言葉は「継続は力なり」。とはいえ、同じメイクを若いときから続けても力にならない。今の自分と向き合うこと、そして自分を愛することを続けてみてください、ね♡

【お問い合わせ】Information

あ	I-ne お客様相談窓口	0120-333-476
	あおいクリニック銀座	info@prss.jp
	アクセーヌ カスタマーセンター	0120-120783
	アディクション ビューティ	0120-586-683
	アルビオン	0120-114-225
	アンファー株式会社	0120-722-002
	Amplitude（アンプリチュード）	0120-781-811
	株式会社井田ラボラトリーズ	0120-44-1184
	イニスフリー お客様相談室	0800-800-8969
	イヴ・サンローラン・ボーテ	0120-526-333
	イプサ お客さま窓口	0120-523543
	イミュ カスタマーセンター	0120-371367
	ヴェレダ・ジャパン お客さま相談室	0120-070-601
	uka Tokyo head office	03-5843-0429
	ウズ バイ フローフシ	0120-963-277
	エスティ ローダー	0570-003-770
	エチュードハウス	0120-964-968
	株式会社エトヴォス	0120-0477-80
	株式会社 MIMC	03-6455-5165
	株式会社 MIMC（MiMC ONE）	03-6455-5165
	エリクシールお客さま窓口	0120-770-933
	エレガンス コスメティックス お客様相談室	0120-766-995
か	貝印株式会社 お客様相談室	0120-016-410
	花王（キュレル）	0120-165-698
	花王（洗口液）	0120-165-696
	花王（ソフィーナ）	0120-165-691
	かならぼ	0120-91-3836
	カネボウインターナショナル Div.	0120-518-520
	カネボウ化粧品	0120-518-520
	カバーマーク カスタマーセンター	0120-117133
	KISSME（伊勢半）	03-3262-3123
	クラランス株式会社	03-3470-8545
	クリニーク お客様相談室	0570-003-770
	株式会社 Clue	03-5643-3551
	クレ・ド・ポー ボーテお客さま窓口	0120-86-1982
	ケサランパサラン カスタマーセンター	0120-187178
	Koh Gen Do	0120-700-710
	コーセー	0120-526-311
	コスメキッチン	03-5774-5565
	コスメデコルテ	0120-763-325
さ	ザ・ギンザ	0120-500824
	参天製薬 お客様相談室	0120-127-023

※コスメの価格は2020年3月現在の本体価格です。商品は販売が終了する可能性がございます。

	SHIGETA	0120-945-995
	資生堂お客さま窓口	0120-81-4710
	SHISEIDO お客さま窓口	0120-587-289
	資生堂薬品お客さま窓口	03-3573-6673
	シュウ ウエムラ	0120-694-666
	ジョンマスターオーガニック	0120-207-217
	ジルスチュアート　ビューティ	0120-878-652
	SUQQU	0120-988-761
	THREE	0120-898-003
	セザンヌ化粧品	0120-55-8515
	セルヴォーク	03-3261-2892
た	DHC	0120-333-906
	diptyque Japan	03-6450-5735
	トゥー フェイスド お客様相談室	0570-003-770
	常盤薬品工業 サナお客さま相談室	0120-081-937
	トム フォード ビューティ	0570-003-770
	ドルチェ&ガッバーナ ビューティ お客さま窓口	0120-500-722
な	NARS JAPAN	0120-356-686
	株式会社ナプラ	0120-189-720
	ネイチャーズウェイ（チャントアチャーム）	0120-070153
は	ハーブラボ	0120-532-727
	株式会社白鳳堂	0120-1425-07
	パナソニック 理美容・健康商品ご相談窓口	0120-878-697
	パルファム ジバンシイ [LVMH フレグランスブランズ]	03-3264-3941
	パルファン・クリスチャン・ディオール	03-3239-0618
	BCL お客様相談室	0120-303-820
	PLAZA カスタマーサービス室	0120-941-123
	ベアミネラル	0120-24-2273
	ポール & ジョー ボーテ お客様相談室	0120-766-996
ま	マキアージュ お客さま窓口	0120-456-226
	M·A·C（メイクアップ アート コスメティックス）	0570-003-770
	無印良品 銀座	03-3538-1311
	メイクアップフォーエバー	03-3263-9321
	メイベリン ニューヨーク [お客様相談室]	03-6911-8585
や	ヤーマン	0120-776-282
	山田養蜂場 健康食品・はちみつ製品窓口	0120-38-38-38
ら	ラ ロッシュ ポゼお客様相談室	03-6911-8572
	ランコム お客様相談室	0120-483-666
	リンメル	0120-878-653
	LOOP blue.Inc	http://yukitakeshima.com
	ロート製薬 オバジコール	03-5442-6098（東京）
		06-6753-2422（大阪）
	ロゼット お客様センター	0120-00-4618

監修　イガリシノブ

Hair & Makeup Artist [BEAUTRIUM]
ファッション誌などに複数連載を持ち、雑誌・広告などのヘアメイクを手掛ける他、「WHOMEE」の化粧品開発ディレクターや、「BEAUTRIUM ACADEMY」などでメイク講師としても幅広く活動する。2015年『イガリメイク、しちゃう？』（宝島社）を出版し、同年 Yahoo! 検索大賞メイク部門にて「イガリメイク」というワードが1位となる。2018年 MBS「情熱大陸」に出演し、『裏イガリメイク、はいどうぞ』（宝島社）を出版。宝島社イガリメイクシリーズ累計17万部を突破する。似合わせのテクニックやユニークな発想で、おしゃれ顔をつくる達人。独自の発想とテクニックで提案するメイクアップは、国内のみならずアジアでもブームを巻き起こし、多くの女優・モデルから支持される人気アーティスト。

監修　劇《げき》団《だん》雌《めす》猫《ねこ》

平成元年生まれのオタク女4人組（もぐもぐ、ひらりさ、かん、ユッケ）。「インターネットで言えない話」をコンセプトにした同人誌『悪友』シリーズを発行し、一躍話題に。オタク女性のお金の使い方をテーマにした『浪費図鑑』（小学館）や、女性たちのメイク観にフォーカスした『だから私はメイクする 悪友たちの美意識調査』（柏書房）など、編著書も多数。SNS でのアンケート調査をもとに現代女性のリアルな感覚を探求するだけでなく、メンバーそれぞれもオタ活からコスメまで、様々な趣味を楽しんでいる。

STAFF

アートディレクション……加藤京子（Sidekick）
デザイン……我妻美幸（Sidekick）
人物撮影……田中雅也（TRON）
静物撮影……SHINTARO
モデル……西本有希（株式会社オスカープロモーション）
編集協力……株式会社ナイスク　http://naisg.com
松尾里央　高作真紀　鈴木里菜
執筆……通山奈津子
マネジメント（イガリシノブ）…石井 緑（BEAUTRIUM）
イラスト……チヤキ
DTP……システムタンク
校正……聚珍社

化粧劇場　わたしたちが本当に知りたいメイク術

監修者　イガリシノブ　劇団雌猫
発行者　池田士文
印刷所　日経印刷株式会社
製本所　日経印刷株式会社
発行所　株式会社池田書店
〒162-0851 東京都新宿区弁天町43番地
電話 03-3267-6821（代）／振替 00120-9-60072

落丁・乱丁はおとりかえいたします。

ISBN978-4-262-16038-2

20000004